たんぽぽ保育園
給食室
二宮直子

忙しいママ＆パパへの

おたすけメニュー

イラスト
近藤理恵

ちいさいなかま社

もくじ

なす

ピーマン

梅

きのこ

かぼちゃ

長いも

じゃがいも

もくじ

だいこん

白菜

ねぎ

れんこん

とうふ

肉

魚

おにぎり

トースト

ホットケーキ

調味料

もくじ

おたすけメニューの使い方 5か条

こんにちは！
大分のたんぽぽ保育園で
子どもたちの給食を作っている
二宮直子です。
この本の使い方をかんたんに紹介します。

1 忙しいお母さん、お父さんが手軽に作れるメニューです

「時間に追われているけれど、子どもの食事だけは大切にしたい！」と思っているお母さん、お父さんへ。プロに怒られそうなほどしっかり手抜き、でも、おいしいよ。

2 素材はぜ〜んぶ使いきり

一つの食材でいろんなメニューが作れるようにしています。

3 基本は手作り……だけどかんたん

たとえば、市販のインスタントのだしは使わないようにしています。いりこ、こんぶ、かつおぶしなどは世界に誇る日本のインスタントだしそのもの。使い方にこだわらず、入れるだけでいいので、とにかく使ってみましょう。

4 料理は創造！

作り方に、切り方、調味料、分量を書きましたが、お好みで自由に変えてください。今、インスタントやファストフードなどの加工食品が多いですが、み〜んな同じ味なんて味気ないですよね。ぜひ、「わが家の味」を作りましょう。子どもたちにとって、「お父さんのあれ」「お母さんのあれ」があったら、うれしいと思いませんか？

5 うちのごはんだもん、失敗しても大丈夫！

紹介するのはほとんどうちで食べる毎日のおかずばっかりです。うちで食べるのだから、少しくらい失敗しても大目に見てくれるはず。味は、できあがったときに調整可能なので、不安なときは調味料を少しずつ入れると失敗が少ないです。でも、失敗したら、「これ、他の何かにいかせないかな？」と考えるのも楽しいもの。失敗を恐れず、ぜひ、トライしてみてね。

キャベツ 丸ごと使い切る！

下ごしらえ

材料（4人分）

キャベツ…1個
水…コップ1杯

●ロールキャベツを作るのでなければ、7：3くらいに切っておくと、使いやすいよ。上の部分はせん切りやサラダに、下の部分は煮こみや炒めもの、みじん切りにしてギョーザの具にすると、おいしい。

●キャベツを丸ごと使うときに、かんたんで早くゆでる方法。鍋にコップ1杯の水とキャベツを入れてふたをする。沸騰したらキャベツの上下をひっくり返す。1～2分沸騰させ、火を止めて蒸らす。お湯を沸かしてゆでるより早いよ。

材料（4人分）

キャベツ…1/2個
梅ぼし…1〜2個
かつおぶし…適宜

おひたし

作り方

1. ゆでたキャベツをせん切りにする（せん切りした生のキャベツに塩もみしたものでもOK）。
2. 梅干しの種をはずして指でつぶす。
3. ①と②を混ぜる。
4. ③にかつおぶしを加え、調味料としてしょうゆをかける。

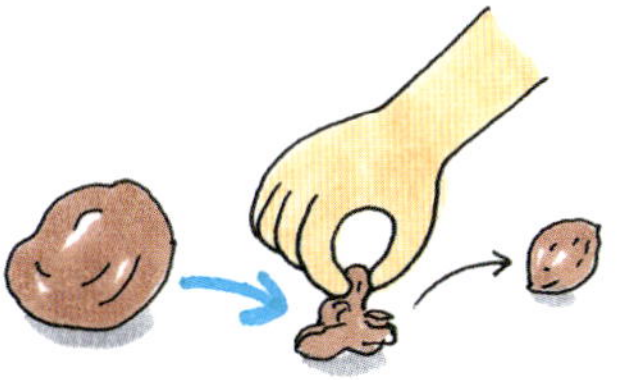

これにいろいろ味つけを組みあわせると…
のり
ごま
みそ＋みりん
甘いキャベツにはいらないよ。
ちりめん
さくらえび
ツナ
マヨネーズ

炒めものいろいろ

黒酢炒め

キャベツをごま油で炒める。しょうゆ＋黒酢＋すりごまで、味をつける。

あえものいろいろ

きのこマヨあえ

えのきをさっとゆでて、キャベツ（キャベツは生でもゆでてもＯＫ）を混ぜあわせ、ツナ＋マヨネーズ＋しょうゆであえる。

たけのこマヨあえ

ゆがいたたけのこの先の部分を薄切りに、にんじんをせん切りにして、キャベツ（生 or ゆでたもの）と混ぜ、しょうゆ＋マヨネーズで味つけする。

ナムプラー炒め

キャベツをごま油で炒める。干しえびを入れるとおいしさUP。ナムプラー＋レモンで味をつける。

たまご炒め

キャベツを炒め、たまごを入れて炒めあわせて、塩で味つけをする。あれば、せん切り紅しょうがを少々入れる。

納豆あえ

納豆を炒めて、生のキャベツを混ぜる。しょうゆとかつおぶしで味つけする。

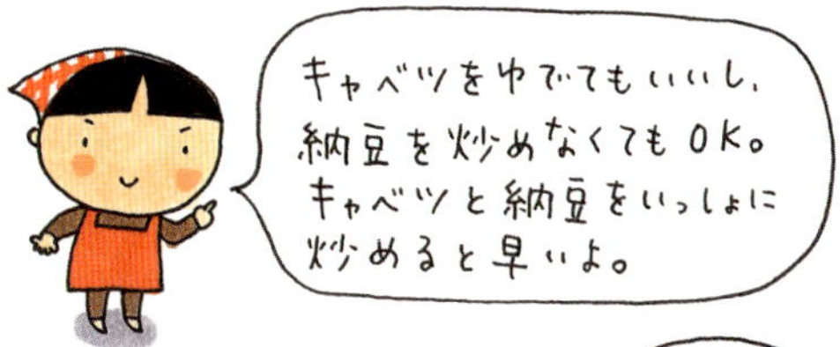
キャベツをゆでてもいいし、納豆を炒めなくてもOK。キャベツと納豆をいっしょに炒めると早いよ。

ちなみに納豆は冷凍できます。

とうふマヨあえ

キャベツは塩もみする。Aをミキサーにかける。キャベツとAをあえてすりごまをかける。

とうふマヨネーズ

A	とうふ	……	300グラム
	油	……	150グラム
	酢	……	80cc（弱）
	塩	……	大さじ1杯

★とうふマヨネーズは、アレルギーの方も食べられるし、作っておくと便利！

にんじん

一本ペロリと食べよう！

にんじんサラダ

材料（４人分）

にんじん…１～２本
レーズン…30グラム
油…適宜
酢…適宜
塩…少々

作り方
1. にんじんをせん切りにして塩でもむ（さっとゆでてもＯＫ）。
2. ドレッシングを油：酢＝２：１＋塩でつくる。
3. ①②とレーズン（オイルコーティングしていないもの）をあえる。

シンプルにんじんソテー

材料（４人分）

にんじん…２～３本
ごま…適宜
ごま油…適宜
塩…少々

作り方
1. せん切りにしたにんじんをごま油で炒める。
2. ①がしんなりしたら、塩（好みの量）をふりかけ、ごまを入れてできあがり。

にんじんご飯

★にんじんが多ければ多いほど美しいオレンジご飯になるよ。
にんじんの水分量が多ければ水はひかえめに。

材料（4人分）

- にんじん…1本
- 米…3合
- ベーコン…1〜2枚
- 玉ねぎ…小1個
- 塩…小さじ1/3〜2/3杯

作り方

1. にんじんをすりおろす。
2. ベーコンを細切り、玉ねぎをみじん切りにする。

3. 米に①②と塩を入れて炊き込む。できあがったら混ぜて味見をし、味が物足りなかったら調整する。

ベーコン、玉ねぎ以外にも好きな食材をプラスして…
ツナ
たらこ
ひき肉
ハム
コーン
チーズ
グリンピース
ウィンナー
ひじき
ささがきごぼう
ごま
油あげ
しいたけ
たけのこ
こんにゃく、ちりめん、にんじん葉、青のり
などなど。

にんじんスパゲティ

材料（4人分）

にんじん…1〜2本
にんじん葉…適宜
ツナ…1缶
スパゲティ…360グラム
油…適宜

作り方

1. スパゲティをゆでる。
2. ツナ、すりおろしにんじん、にんじん葉のみじん切りを炒める。
3. ①ゆでたスパゲティに②をあえる。

もっとイタリア風にしたいときは…
オリーブオイル
にんにく
すりおろしにんじん
にんじん葉
…を炒めてあえる。
ベーコン
や
ハム
ウィンナー
肉
を入れてもOK!

にんじんおやき

材料（4人分）

にんじん…1〜2本
小麦粉…200グラム
ねぎ…適宜
たまご…1個
しょうゆ…適宜
油…適宜

作り方

1. すりおろしにんじんと同量の小麦粉とねぎ、たまご（その他好きな食材）を混ぜる。

2. ①をフライパンで焼く。
3. ②にしょうゆ（ソースなど好きな調味料）をつけて食べる。

おろしにんじん 他にも
いろいろ…‼

厚焼きたまご…といたたまごに
にんじんをすりおろして
入れて焼く。

ホットケーキ
パン
蒸しパン
ゼリー
などにも…。

♪すりおろしにんじん＋小麦粉＋塩だけでもGOOD。
にんじんの水分で小麦粉を練る感じです。油で揚げてもOK！

ごぼう

新ごぼうで初夏のかおりを!

材料（4人分）

新ごぼう…2本
甘酢…98ページ参照
すりごま…適宜

たたきごぼう

★甘酢の配合は好みで。三杯酢でもOK。

作り方

1. ごぼうは鍋に入る長さに切ってゆで、ゆであがったら、すりこぎなどでちょっと割れる程度に軽くたたく。

ちょっと歯ごたえが
残るくらいに
さっとゆでて…

2. 酢とさとうで甘酢を作っておく。

完全につぶしちゃ
だめよ。

3. ①を4センチくらいに切り、熱いうちに甘酢に漬けて、すりごまをふりかける。

4. 30分くらい漬けてできあがり。一晩漬けて味をしみこませるとますますおいしい。

ワンポイント……6月の旬の野菜といえば新ごぼう。「ごぼうの若ぞう」という感じで、
やわらかく、みずみずしい香りがいっぱい。
ご飯に入れても、汁に入れてもおいしい。

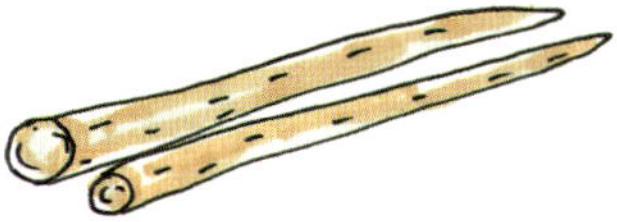

炒めたたきごぼう

材料（4人分）

新ごぼう…2本
二杯酢
　酢…大さじ2杯
　しょうゆ…大さじ2杯
すりごま…適宜
油…少々

作り方

1. 酢としょうゆで二杯酢を作る。
2. ごぼうをゆでてすりこぎでたたき、4センチくらいに切るところまでは、たたきごぼうと同じ。
3. そのあと油で炒めて、熱いうちに①の二杯酢に漬けこむ。ごまも忘れずに。

さっと炒めた
だけでも
こくが出て
おいしいよ。

私としては、アクも味のうち！と
思っているので、ごぼうのあく抜きは
あまりしません。
新ごぼうは 特に
しなくても 大丈夫。
皮と身の間に うまみが
あるので どろを洗い流す
程度で 十分ですよ。

ごぼうめし

材料（4人分）
- 米…2合
- ごぼう…200グラム
- 油あげ…1枚
- A
  - だし汁…2カップ
  - しょうゆ…大さじ1杯
  - 酒…大さじ2杯
  - 塩…小さじ1/2杯

🍀 具の組みあわせは無限！オリジナルを試すのも楽しい。例えば ごぼうにプラス…

ツナ　油あげ　ベーコン　ウインナー　あさり
とり肉　ちりめん ＋ にんじん ＋ しいたけ　などなど…

作り方

① ごぼうはたわしで洗い、ささがきにしておく。

② 油あげは縦半分に切って、細めの短冊に切る。

③ 炊飯器に米とAの調味料を入れて具を入れ、ひと混ぜして炊く。炊きあがったら混ぜる。

米　だし汁

具はそのまま炊き込んでも炒めてから炊き込んでもOK。

ごぼうサラダいろいろ

下準備として 新ごぼうを
せん切りか ささがきにし、
さっと ゆでておく。

ささがき

たわしで 泥を洗い
流して、

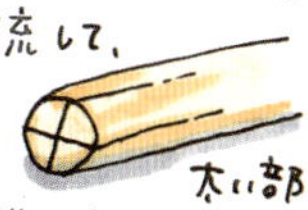

太い部分には
縦に切り込みを入れるといいかも。

ごぼうをまわしながら
長くけずるように切る。

マヨネーズサラダ

ゆでたごぼうをマヨネーズとごま
であえる。

キャベツ、にんじん など
野菜を たしてもよし。

ベーコンじゅっとサラダ

ゆでたごぼうに、細く切って炒め
たベーコンをじゅっとかける

+ ごぼうも
炒めてもOK。

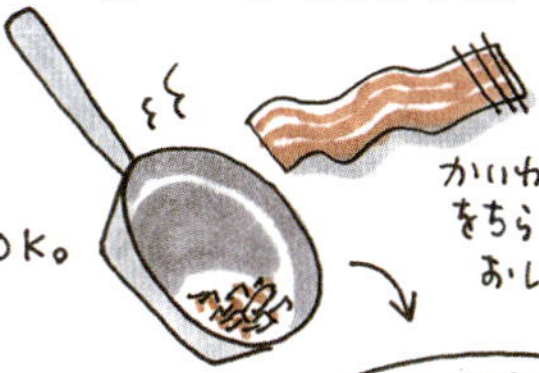

かいわれ大根
をちらすと
おしゃれ。

ちりめんじゅっとサラダ

ゆでたごぼうに、ごま油で炒めた
ちりめんをじゅっとかける。ちょ
っとしょうゆをたらして好みの味
つけで。

ねぎや
ごまを
かけると
いいよ。

シンプルドレッシングあえ

ゆでたごぼうを熱いうちに、ドレ
ッシングに漬け込む。

ドレッシングは市販のものでいいけど
手づくりするのがベスト。
その場合は 油：酢は 2：1。
あとは 塩か しょうゆを 好みで…。

にら 熱～い夏に強い味方！

にらソテーいろいろ

シンプルにらソテー

にらを５センチくらいに切って、フライパンで炒め、塩やしょうゆで味つけする。にらは炒めると水が出てくるので油をひかず、フライパンの上で混ぜるだけでＯＫ。

炒めた にらに……。
しょうゆ ＋ かつおぶし
しょうゆ ＋ のり
ちぎって
しょうゆ ＋ ちりめん
しょうゆ ＋ ごま …を加えて
にらおひたしのできあがり。
油をひいて炒めても
いいし、しょうゆの
かわりに 塩 でも
GOOD。
S

にら納豆

納豆をごま油で炒め、にらを入れて炒める。納豆は、炒めなくてもＯＫだけど炒めたほうがおいしい。

これに、かつおぶし、ごま、のり
などたすと、さらに
バージョンアップ！

にらたま

にらを切って炒め、といたたまごを入れてさらに炒めて、味つけをする。

にらツナ

にらを切ってツナを投入。ツナの油で炒めてね。

にらマヨネーズ

にらを切って炒め、マヨネーズを入れる。ごまを入れてできあがり。

油とは
また
ちがった
味わい。

にらみそ

にらを切って炒める。みそを入れて、味つけする。

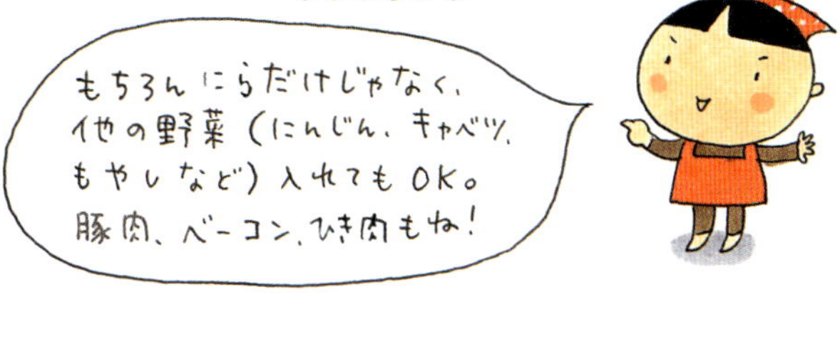
もちろんにらだけじゃなく、
他の野菜（にんじん、キャベツ、
もやしなど）入れてもOK。
豚肉、ベーコン、ひき肉もね！

にら豚まぜご飯

材料（4人分）

米… 3合
にら…1把
豚肉… 100グラム～150グラム
しょうゆ…大さじ1杯
ごま油…適宜
塩…適宜

作り方

1. ご飯を炊く。

2. にらは1センチくらいにざく切り、豚肉（ひき肉やレバーでもOK）を適当に切る。あれば、みじん切りしたしょうが、にんにくを入れる。

3. ②をごま油で炒め、しょうゆで少し濃いめに味つけして、炊きあがったご飯に投入。ふたをしてしばらく蒸らす。味がたりなかった場合、蒸らしおわって混ぜるときに塩少々をたして味をととのえる。

これに具だくさん
みそ汁をつければ
すてきな夕食？

にら＋とうふ炒めバージョン

★にらととうふ炒めを基本に、残りものなどをつけたしていくと目先が変わりますよ。

にら＋とうふ

にらチャンプルー風。にらととうふをごま油で炒める。好みでちりめんやごまを入れ、しょうゆか塩で味つけする。

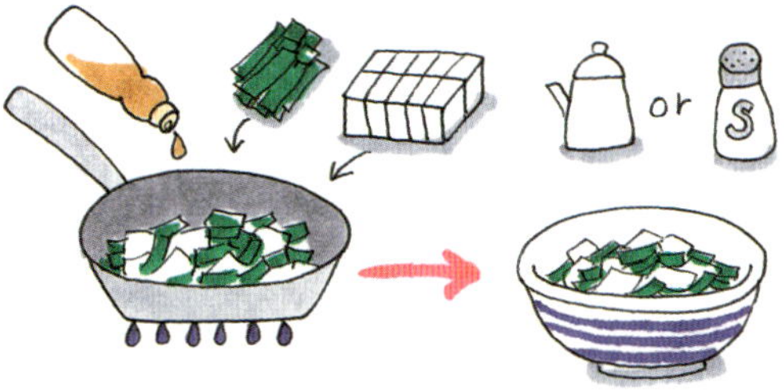

にら＋とうふ＋たまご

炊りどうふ風。ツナやちりめんを入れてもＯＫ。

にら＋とうふ＋たまご＋キムチ

ぶたなしキムチ炒め風。おとな向き。

にら＋とうふ＋たまご＋キムチ＋豚肉

ぶたキムチ炒め風。とり肉にしたら、チキンキムチになる。

にら＋とうふ＋ひき肉

マーボーどうふ風。塩味にするとあっさり。

トマト

火を通してもおいしいよ！

とっても手抜きトマトライス

作り方❶ 米をといで炊飯器に入れ、四つ切りにしたトマトもいっしょに炊く。トマトから水分がでるので、水は少なめに。

実はも〜っとカンタンな方法があります。トマトジュースを使う。米3合で1缶（190グラムくらい）。ジュースの水分をひいて水かげんして、あとは同じ。

大きく切った方が炊きあがったときに皮をとりだしやすいよ。

このときコンブ1枚とか味のでるとり肉やこま切れのベーコンなどいっしょに入れてもいい。

肉やベーコンは炒めたものをあとから入れてもいいけどね。

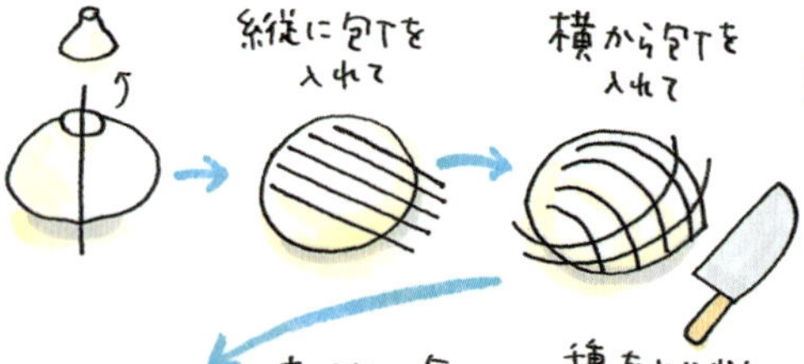
縦に包丁を入れて
横から包丁を入れて

❷ 玉ねぎはみじん切り、ピーマンは細切りにしておく。

さいごに一気にみじん切り。
種をとり出し
ひっくり返してスライス。

ワンポイント……トマトがたくさんあるとき、へたをとって冷凍しておくと便利。冷蔵庫で自然解凍すると、皮がズルリとむけて扱いやすい。煮込み料理にしか使えないけど、夏が終わってもトマトメニューが楽しめるよ。

材料（4人分）

- 米…3合
- トマト…1個
- 玉ねぎ…中1/2個
- ピーマン…1個
- 豚のひき肉…100グラム
- 油…少々
- 塩…適宜
- こしょう…少々

★たまご焼きで巻いてオムライス、具に魚介類をたっぷり入れてカレー粉少々を入れればパエリア風に。

3 フライパンでひき肉、玉ねぎ、ピーマンの順に炒めて、塩、こしょうで味つけする。（玉ねぎ以外は、とり肉、牛肉、えび、いか、ベーコン、ツナ、コーン、にんじんなどなんでもOK。）

4 ご飯が炊けたら、トマトの皮をとって混ぜあわせ、炒めた具を入れてしばらく蒸らす。

5 蒸らしたらよく混ぜあわせて、塩、こしょうで味をととのえてできあがり！

これにスープとサラダをつけたらゴーカなお子さまランチです！

おまけのメニュー！

さっぱり味のトマトのみそ汁

じゃがいも、玉ねぎ、とうふのみそ汁にトマトをざく切りで投入。たまごでとじるだけ。

夏の朝にさっぱりと

トマトととうふのうま煮

材料（4人分）

冷凍トマト…1個
とうふ…1丁
玉ねぎ…中1/2個
にんにく…1片
ごま油…少々
塩…小さじ1/2杯
こしょう…少々

★たまごでとじたり、肉や魚介、にら、ねぎ、なす、しそなどを入れてもおいしい。（おとなは好みでとうがらしも合う）
★とうふのかわりに、いかやえびを使っていかのうま煮、えびのうま煮もおいしい！

作り方

1 玉ねぎは薄切り、にんにくはみじん切り、トマトはざく切りに。

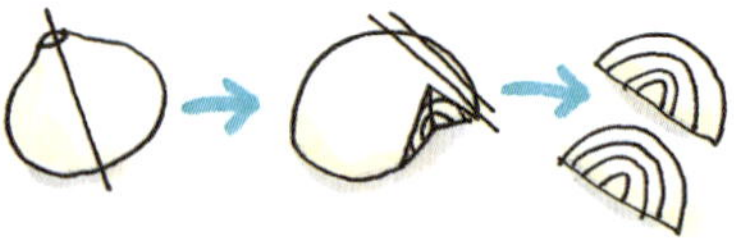

2 フライパンにごま油を入れ、にんにく、玉ねぎを炒め、トマトを入れてさらに炒める。

3 火が通ってトマトから水分がでてきたら、とうふを入れる。

4 塩・こしょう、またはしょうゆで味つけし、トマトがくずれるほど煮えたらできあがり！

いろいろ野菜を
入れて試してみてね。

ラタトゥユ

★あれば、ローリエ、バジルなども入れて。

材料（4人分）

冷凍トマト…1個
玉ねぎ…中1個
にんにく…1片
なす…1個
セロリ…1本
ピーマン…1個
オリーブオイル…少々
塩…少々
こしょう…少々

作り方

1 にんにくはみじん切り、ほかの野菜は図参照（トマトは皮をむく）。

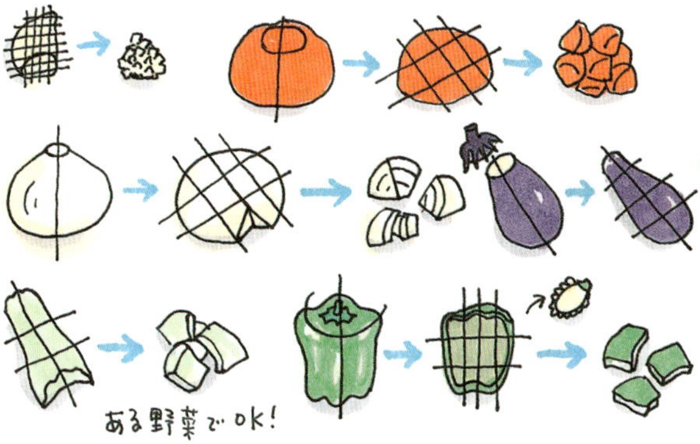
ある野菜でOK!

生トマトを使う場合は
湯むきする。
沸騰した
お湯で。
トマトに
切り目を
入れておくと
皮がむき
やすいよ。

2 オリーブオイルでにんにく、玉ねぎを炒め、つづいてピーマン以外の野菜を入れて炒める。

3 塩、こしょう、酒で味つけする。

4 最後にピーマンを入れてさっと火を通してできあがり！

野菜からでる
水分だけで
煮込みます。
S
P

ある野菜でOK!
このほか、コーン、かぼちゃ
おくら… などなど。

冷やしても
おいしいですよ!

なす こたえられない、このおいしさ！

焼きなす

材料（4人分）

なす… 4本
かつおぶし…適宜
しょうが…適宜
しょうゆ…適宜

熱かったらまな板の上で。
切りめが入っているから皮がむきやすいです。

作り方

1. なすに切りめを入れる。
2. 魚焼きグリルで、全体がまっ黒になるまで焼く。オーブントースターでもOK。
3. なすの皮をむいて、縦にさいてお皿に盛る。
4. おろしたしょうがとかつおぶし、しょうゆをかける。

焼きなす風

材料（4人分）

焼きなすと同じ

作り方

1. 皮をまだらむきして、縦に薄く切る。このままでもいいが、さらにひと口大に切る。
2. ①をオーブントースターで焼く。
3. おろししょうが、かつおぶし、しょうゆでいただく。

すぐ火が通るように。
なすの皮って意外にかみ切りにくいのよね。
だからひと口でパクッと食べられるサイズにしとく。

もっと手抜き。時間のない人のための…。

★フライパンで焼くときは、ふたをして、
弱火で蒸し焼きにするといい。
上にこげめはつかないけれど。

のっけて焼くバージョン

「焼きなす風」の作り方①までは同じ。

マヨネーズ焼き

焼くときにマヨネーズをのせて焼く。トッピングにかいわれなど。食べるときにしょうゆをたらして。

チーズ焼き

焼くときにとろけるチーズをのせて焼く。トッピングはパセリのみじん切りなど。

ピザ風焼きなす

なすにケチャップを塗って、ベーコンのみじん切り、とろけるチーズをのせて焼く。

マヨネーズ焼きのときに
ベーコンの上にマヨネーズを
のせて焼いてもOK。ベーコン
のかわりにめんたい、炒めた
ひき肉など、トッピングをいろいろ
試してみると
楽しい。

なすのにんにく炒め

材料（4人分）

なす…2個
にんにく…1～2かけ
オリーブオイル…適宜
しょうゆ…適宜
酢…適宜

作り方

1. にんにくをみじん切りにする。
2. なすを1.5センチくらいの輪切りにする。
3. フライパンにオリーブオイルを入れ、①を入れて炒め、さらに②を入れて両面を焼く。
4. 食べるときに、しょうゆと酢をかける。

…オリーブオイルを
はじめに なすに
まぶしておくと
油が少なめで
すむ。

なすの南蛮漬け

材料（4人分）

なす…4個
トマト…大1～2個
甘酢…98ページ参照

作り方

1. なすは乱切りにする。
2. 鍋で油を温めて、①を素揚げする。素揚げがめんどうなら油炒めでもいい。
3. トマトはざく切りにする。
4. ②と③を混ぜて、甘酢につける。

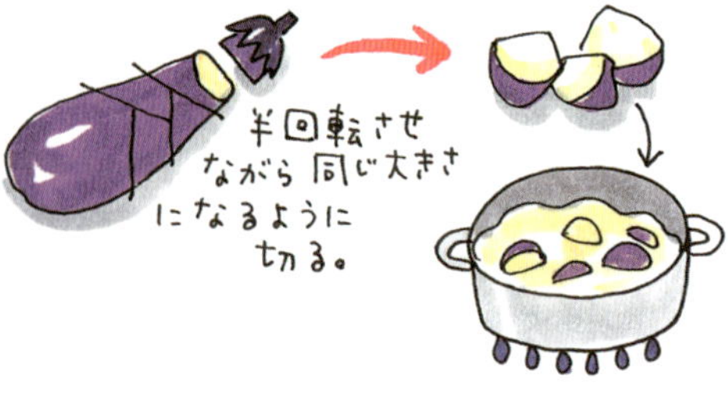
半回転させ
ながら同じ大きさ
になるように
切る。

トマトの量が
多いほど
さっぱりする。

うそつきなべしぎ風

材料（4人分）

なす…4個
ごま油…少々
しょうゆ…大さじ1～2杯
みりん…大さじ1～2杯
かつおぶし…適宜

作り方

1. なすは乱切りか、ちょっと厚めのいちょう切りにする。
2. フライパンに①とひたひたの水、ごま油（ちょっとたらす程度）を入れ、きっちりふたをして、強火で蒸し焼きする。
3. なすに火が通ったら、ふたをずらして水分を捨て、しょうゆとみりんを入れて、強火でからめる。
4. かつおぶしをまぶしてできあがり。ごまをまぶしてもいい。

小さく切ると早くできる。
または

おまけのメニュー！

うそつきなべしぎ みそ味

①②③までは同じ。しょうゆのかわりにみりんでゆるめたみそを入れ、強火でからめる。ごまをまぶしてできあがり！

ピーマン

プロに怒られそうな一品！

ピーマン肉づめ風

材料（4人分）

ピーマン…4個
ひき肉…300グラム
とろけるチーズ…適宜
油…適宜

作り方 ❶ ピーマンは、半分に切って、種をとる。

❷ ①にひき肉（豚でも牛でもとりでもOK）をつめ、とろけるチーズをのせる。

❸ フライパンに油を入れて熱し、②を入れ、ふたをぴっちりして蒸し焼きにしてできあがり。ピーマンはひっくり返さないのがお約束。ピーマンをひっくり返して焼くときは、ピーマンの内側にかたくり粉か小麦粉をつける。

上にのせるものは
チーズ＋ケチャップ。
マヨネーズでも
OK。
or

♪ オーブントースターでも
できるよ。

材料（4人分）

ピーマン…2個
つめる具…それぞれ
油…少々

つめつめピーマン

うずらのたまご入り

ピーマンの中にうずらのたまごを割って入れ、焼く。食べるとき、塩・こしょうしたり、しょうゆをたらしてね。

ポテトサラダ入り

ピーマンの中にポテトサラダをつめて焼く。

基本、
ピーマン 好きな人
向きです。

魚のすり身入り

ピーマンの中に魚のすり身を入れて焼く。ツナでもOK。

梅 夏バテ防止にどうぞ！

材料（4人分）

青梅…1キロ
氷ざとう…500グラム
酢…約900cc

梅サワー

作り方 ❶ 青梅（少しやわらかくなったのでもOK）のヘタをとり、カメに入れる。

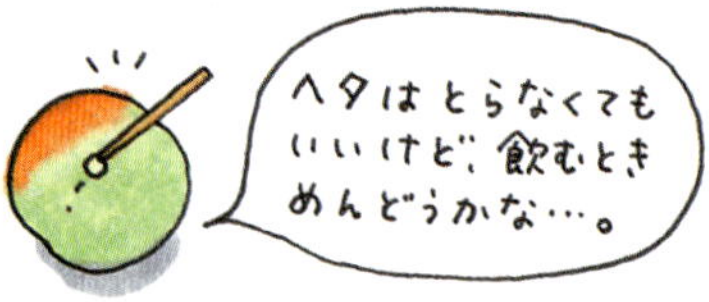
ヘタはとらなくてもいいけど、飲むときめんどうかな…。

❷ 酢を梅にかぶる程度に入れ、上に氷ざとうをのせる(好みで増減可)。

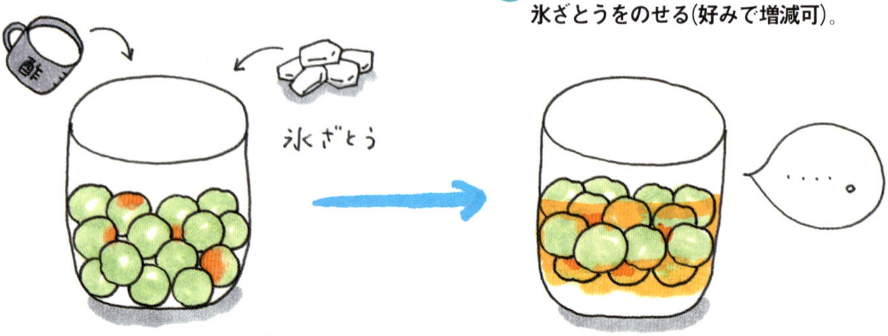

❸ 氷ざとうがとけるまで置いておく。できれば2～3か月待って、できあがり。飲むときに、水で薄めたり、炭酸で割ったりして飲みます。梅はそのまま食べられるよ。

子どもにはこおらせてカキ氷みたいに…。
ヨーグルト、牛乳に混ぜるなど。
牛乳に混ぜるとヨーグルトみたいでおいしい…。

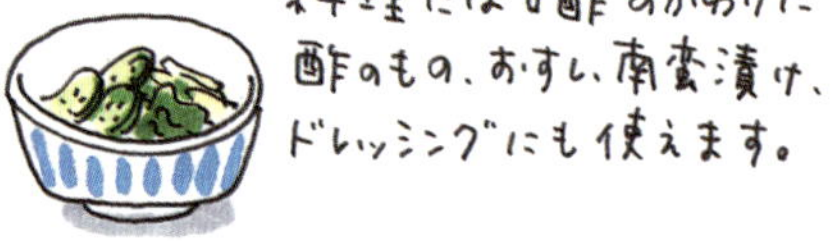
料理には甘酢のかわりに酢のもの、おすし、南蛮漬け、ドレッシングにも使えます。

材料（4人分）

梅…好きな量
しょうゆ
…梅がかぶるくらい

梅じょうゆ

作り方 ① 青梅のへたをとって、空きびんなどに入れる。

② ①に、梅がかぶるくらいのしょうゆを入れて漬ける。1か月くらいでできあがり。そうめんつゆやドレッシングとしてどうぞ。

・・・・。
梅は漬けもの
感覚でどうぞ。

梅ドレッシング

材料（4人分）

梅干し…大4個
みりん…50cc
だし汁…100cc
しょうゆ…大さじ1杯

作り方 ① 梅は包丁でよくたたく。材料全部をまとめてミキサーにかけてもいいよ。

② みりんは、レンジにかけてアルコール分をとばす。

③ 材料全部を混ぜあわせてできあがり。

だし汁
みりん

- 野菜とあえる他、とうふにかけたり、こふきいも、ふかしじゃがいもにかけてもおいしい。
- せん切り野菜に梅干しをつぶしながら入れてよくもんでドレッシングであえるだけでもカンタン
- もっとかんたんに梅の味を楽しみたいときは、基本のドレッシングにゆかりを入れて野菜と混ぜます。

きのこ

それじたいから味がでる名脇役！

きのこだけのホイル焼き

材料（4人分）

しめじ…1株
えのき…1株
しいたけ…4枚
バター…少々
酒…適宜
塩…適宜
こしょう…少々

しいたけの
石づきは切り落として。
(さいて入れちゃって
もいいけど)

作り方

1. アルミホイルにバター（油でもいい）を塗る。
2. きのこ（上記の他にまいたけ、エリンギなどでも）をとりまぜて①にのせ、酒少々をたらす。
3. アルミホイルを包みこんで、フライパンで蒸し焼きするか、オーブントースターで焼く。
4. 食べるときに、塩・こしょうorしょうゆ＋かぼすをかける。

白身魚のホイル焼き

材料(4人分)

白身魚…4切れ
きのこ…適当
油…少々
酒…適宜
塩…適宜
こしょう…適宜

作り方

1. アルミホイルに油を塗って、白身魚をのせる。
2. その上にきのこをたっぷりのせて、酒少々をたらす。
3. あとはきのこだけのホイル焼きと同じ。塩・こしょうorしょうゆ＋かぼすなどで食べる。

とり肉、ささみでもおいしい。
下に玉ねぎのスライスしくのもいいよ。
S
P
or

しいたけの石づきをとって、上にいろいろのせて、オーブントースターで焼いてみよう！
チーズ ＋ マヨネーズ
コンビーフ ＋
つぶしたゆでたまご ＋
つぶしたとうふ ＋
めんたい ＋ ポテト ＋

とうふで作るときには油をぬらないで、こんぶをしくのもおいしい。

ワンポイント………きのこは冷凍できます。それぞれ石づきをとって、
バラして冷凍しておくと、すぐに使えて
便利ですよ！

炊き込みご飯

炊き込んじゃえバージョン

作り方 ① しめじ、えのきはほぐしてお米と混ぜあわせる。きのこから水分がでるので水分はひかえめに（この他、きのこならなんでも。好きなもの１種類だけでもいい）。

きのこ以外の具をたしてみる！
油あげ
ちりめん
ごま
ツナ
さくらえび
ベーコン
ウィンナー
チーズ… など。
いろいろ具を工夫してみてね。
1番のおすすめは しめじ と くるみ。
といだお米に、ほぐしたしめじとくだいたくるみを入れて、塩、しょうゆを入れて炊くだけ。
つぶつぶっとした食感が楽しい！

② 塩、しょうゆを入れて、よく混ぜて、スイッチオン！

③ 炊きあがったら、味を調整する。

材料（4人分）

米…2カップ
しめじ…1株
えのき…1株
塩…適宜
しょうゆ…適宜

ぶっこみバージョン

作り方

1. ご飯はちょっと水分少なめに炊く。

心に余裕が
あったら、炊く
ときに こんぶ
を入れると
うまくなる。

2. その間にきのこ類を油で炒め、しっかり濃いめに味をつける。

3. ご飯が炊きあがったら、きのこを汁ごとドバッと入れて、しばらく蒸す。

4. よーくかき混ぜる。

おまけのメニュー！

炒めてチャーハン

きのこを油で炒める。そこに冷やご飯を入れて、混ぜあわせるだけ。

冷やご飯の
ポロポロが
きのこからでた
スープをすって
よみがえって
ウマくなるのよ。

かぼちゃ

おしゃれな洋風の味！

下ごしらえ

★この下ごしらえからいろいろできます。

材料（4人分）

かぼちゃ…中1/2個
酒…ひたひたより少なめ
塩…少々

作り方

1. かぼちゃは適当に切る（煮物のように大きくてもいい）。
2. 鍋に入れて塩を少々ふる。

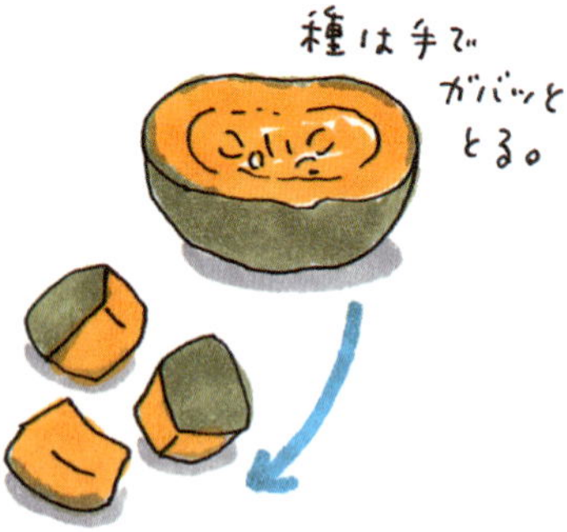
種は手でガバッととる。

かぼちゃの酒蒸しみたいなもんなんだけど、これをすると甘みが増してほくほく仕あがります。

3. 酒をひたひたより少なめに入れて、ぴっちりふたをして弱火で蒸し煮。はしが通ったらできあがり！（かぼちゃは火のとおりが早いので、7～8分どおり煮えたところで火を止めて、ふたをしてそのまま蒸らしておくとできあがる）。
4. 煮あがったかぼちゃの煮汁（酒）が残っていたら、とっておいてスープなどに使う。

かぼちゃサラダ

材料（4人分）

下ごしらえしたかぼちゃ
玉ねぎ…小1個
ツナ… 1缶
マヨネーズ…適宜

うまいよ!
いちおし!

作り方

1. 煮あがったかぼちゃを炒りつけて水分をとばす（こふきいも風に）。
2. ①をつぶすか、好きな形に切る。
3. 玉ねぎのみじん切り＋ツナ＋マヨネーズであえる。

- きゅうり、にんじんを入れても おいしい!
- ヨーグルト+マヨネーズの ソースであえてもおいしい!

- 油2+酢1+塩少々+こしょう適宜 のドレッシングであえてもおいしい!
- レーズンを入れると甘いサラダに なって、子ども向き。

サンドイッチの
フィリングにも
パイのフィリング
にもなるよ。

かぼちゃのミルク煮

MILK
酒

下ごしらえしてから
ミルク煮を作りたいときは、
7～8分どおり煮えた
ところでとり分けて
牛乳を入れて煮ます。

材料（4人分）

ミルク煮したかぼちゃ
ベーコン…4枚
玉ねぎ…小1個
牛乳…100cc
塩…適宜

手抜きかぼちゃスープ

作り方

1. かぼちゃのミルク煮をマッシャーでつぶして鍋に入れる。
2. 水（だし汁でもいい）を入れる。
3. ベーコンは適当に切り、玉ねぎはスライスして入れ、煮込む。
4. 煮あがったとき、好みで牛乳か生クリームを入れ、塩で味をととのえる。

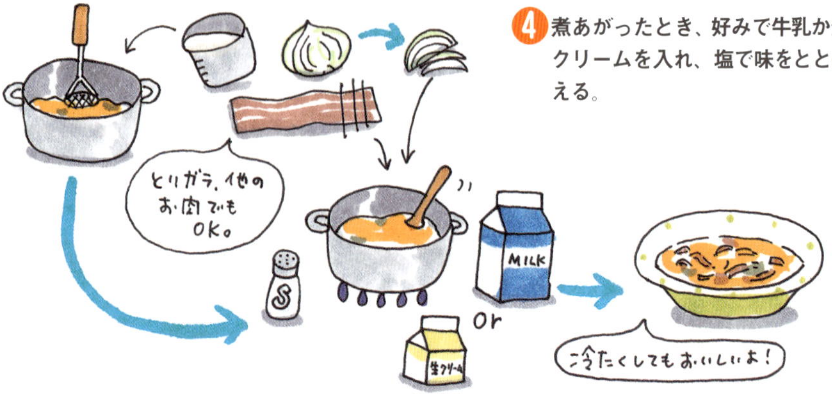
とりガラ、他のお肉でもOK。
MILK
or
生クリーム
冷たくしてもおいしいよ！

材料（4人分）
- かぼちゃ…中1/2個
- 塩…少々
- 牛乳…ひたひたの7割
- 酒…ひたひたの3割
- バター…少々

作り方

① かぼちゃを適当な大きさに切る。

② ①に塩をふって鍋に入れる。

③ 牛乳と酒を7：3の割合で合わせてひたひたに入れ、バターを少々加えて煮つめる（ふたをしなくても、牛乳の膜がふたがわりに）。

「かぼちゃと牛乳ってよく合うよね！」

手抜きかぼちゃグラタン

材料（4人分）
- ミルク煮したかぼちゃ
- 玉ねぎ…小1個
- ベーコン…4枚
- 塩…適宜
- こしょう…適宜
- とろけるチーズ…4枚

作り方

① 玉ねぎのスライスとベーコンの細切りを炒めて塩こしょうしておく（ベーコンのかわりにツナ、ひき肉でもいい）。

② グラタン皿に①をしいて、かぼちゃのミルク煮（つぶしても）をのせ、チーズをのせる。

③ オーブン（オーブントースターでもOK）で、チーズがとけてこげめがつくまで焼く。

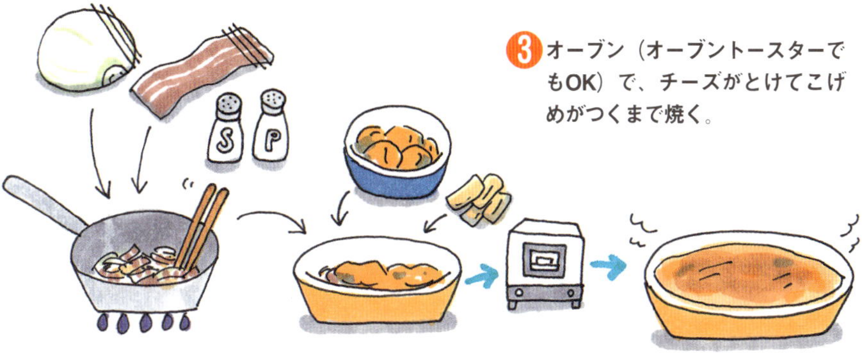

長いも

ほくほく感がたまらない！

材料（4人分）
長いも…1本
あえるもの適宜

こふき長いもいろいろあえ

★長いもをこふきいも風にしていろいろあえてみましょう。かんたんでおいしいです。

作り方
1. 長いもを煮くずれるまで煮る。
2. ざるにあげ、火にかけて水分をすっかりとばす（こふきいもを作るみたいにする）。
3. お好みのものであえる。

皮をむいて…

べつに長いもが粉ふくわけじゃない…。けど、作り方は同じ。

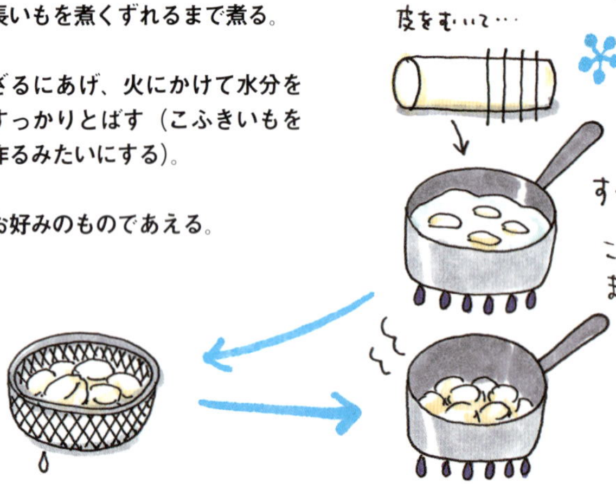

ポイントは竹串をさしてみて ささった！と思ってすぐあげてはダメ。これくらいではまだまだ生のサクサク感が残っていてダメです。

あえるものは…
- ごま ＋ 塩
- ごま ＋ ゆかり（たたいた梅）
- ごま ＋ おかか ＋ 塩
- ごま ＋ 青のり ＋ 塩（ちぎったのりでも）
- ごま ＋ パセリ ＋ 塩
- ごま ＋ バジル ＋ 塩
- ごま ＋ 梅 ＋ マヨネーズ

その他、ツナ めんたい（たらこ）炒めたちりめん、カリカリベーコン、パセリと粉チーズなどなど…。

マヨネーズを混ぜるとサラダ。きゅうり、ハム、にんじん、コーンなど混ぜてポテトサラダ風にしてもいけますぜ。

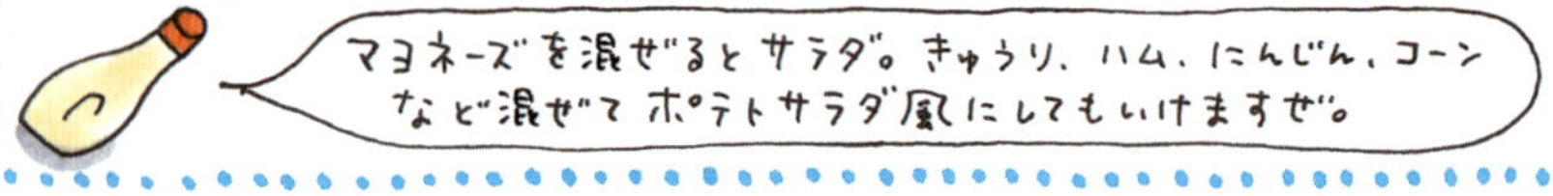

ワンポイント……おろしたり、たんざくに切ってのりであえるなど
生で食べることが多い長いもだけど、
火をとおすと、また違った味わいでおすすめ。

シンプル煮物いろいろ

材料（4人分）

- 長いも…500グラム
- だし汁…1＋1/2カップ（いもがひたるくらい）
- しょうゆ…大さじ1杯
- みりん…大さじ2杯
- 塩…少々
- ゆずの皮（あれば）

★長いもをごま油でよーく炒めてから
煮るとコクがでます。

作り方

1. 長いもは、2センチくらいの輪切りにする。
2. 鍋に、①の長いもと調味料を入れて煮る。
3. あれば、細く切ったゆずの皮をちらす。

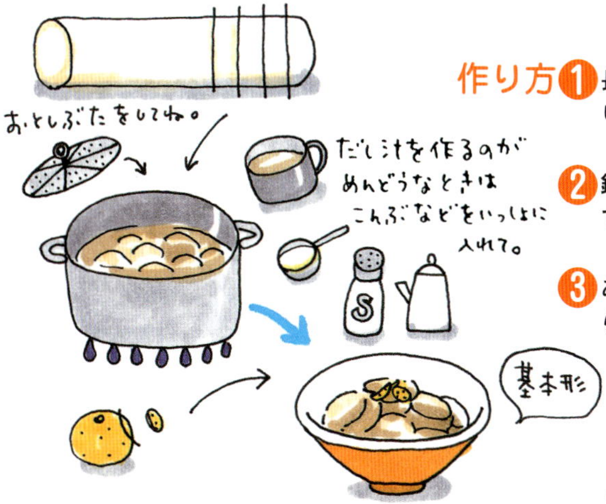
おとしぶたをしてね。
だし汁を作るのがめんどうなときはこんぶなどをいっしょに入れて。
基本形

みそ煮

しょうゆではなく、みそで煮る（みそは長いも500グラムだったら大さじ2杯くらい）。

最後にごま大さじ2杯（ねりごまでも）を入れると、ごまみそ煮となり、うまい。

そぼろ煮

輪切りにした長いもと調味料を入れ、火にかける。沸騰してきたら、ひき肉80～100グラムを入れる。煮あがったら、水ときかたくり粉を入れてとろみをつける。

水とかたくり粉は同量

とってもおいしいとろろ汁

材料（4人分）

みそ汁かスープ
長いも…200グラム
たまご…1～2個

作り方

1. みそ汁、スープなど汁ものを作る。
2. ①ができあがる直前に、すりおろした長いもとたまごをよく混ぜあわせて、流しいれる。（たまごはなくてもOK）

沸騰した
ところへ入れる。

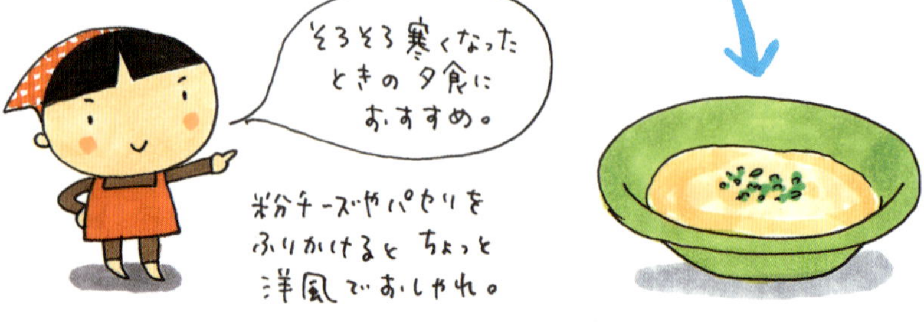
そろそろ寒くなった
ときの夕食に
おすすめ。
粉チーズやパセリを
ふりかけると ちょっと
洋風でおしゃれ。

材料（4人分）

長いも…1/2本
とうふ…長いもより多め
ねぎ…30グラム
にんじん…20グラム
ひき肉…50グラム
かたくり粉…適宜
油…適宜

ふわふわ飛竜頭もどき

★基本はとうふと長いものすりおろし。
割合としてはとうふの方が多いけど分量は適当に。
具はあるものでOKだけど、あまり多いと
まとまりが悪くなるので注意。

作り方

1 長いもはすりおろしておく。

2 とうふはすりつぶしておく。ミキサーやすり鉢もいいけれど、めんどうならハンドパワーで。

3 ねぎとにんじんは、こまかく切っておく。

具は他にも、木くらげ、しいたけ、たけのこ、ひじき、ごぼうのささがき、ひき肉、ツナ、ちりめん、えび、いか、チーズ…　etc.

4 ①②③を混ぜあわせる。

5 ④をまるめて油で揚げる。（揚げずに焼けばハンバーグ風）

つなぎはかたくり粉のかわりに、小麦粉、たまごでもいいよ。

ひりゅうず。がんもどきのことよ。

あと1品ほしいとき大活躍！

じゃがいも

こふきいもいろいろ

材料（4人分）

じゃがいも… 2個くらい

作り方

1. じゃがいもは皮をむき、4～6個くらいに切る。
2. なべに①のじゃがいもとひたるくらいの水を入れ、ふたをして、竹串がさっと通るくらいにゆでる。
3. ゆであがったら、いもをいったんざるにあげて湯を切り、鍋の湯を捨てる。
4. ③を再び鍋にもどして、火にかけ、粉がふくまで、鍋をゆする。こふきいものできあがり。お好みでいろいろなものとあえる。

A あえるものいろいろ…

1. めんたいこ  （たらこ）

いもが熱いうちにあえる。
味は塩で調節。
マヨネーズを入れても。

2. バジル（パセリ）＋マヨネーズ

 玉ねぎスライスをまぜても。

3. きざんだ梅＋かつおぶし
（ゆかりでも）　（ごま）

4. あおのり＋塩（マヨネーズ）

5. ごま＋塩（マヨネーズ）

6. 粉チーズ

せん切りじゃがいもサラダ

材料（4人分）

じゃがいも…1〜2個
ドレッシング…適宜

★シャキシャキ感が持ち味。
　サラダではなく炒めてもおいしい。
★ゆでるかわりに、さっと炒めて、同じようにあえてもOK。
　味つけは、塩だけでなく、しょうゆ、みそを使っても味が広がるよ。

作り方

1. じゃがいもは皮をむき、せん切りにし、歯ごたえを残す程度にさっとゆでる。
2. ①をざるにあげ、ドレッシング（94ページ参照）であえる。あるいは、48ページの「Aあえるものいろいろ」のどれかとあえる。

ドレッシング
またはAの1.〜6.で
あえてどうぞ。

おまけのメニュー！

じゃがいもとキャベツとチーズの炒めもの

せん切りにしたじゃがいもとキャベツを炒めて、塩、粉チーズを振りいれる。いろどりにパセリ、青のりなどちらすとよい。

じゃがいものおやき風

材料（4人分）

じゃがいも…2個くらい
かたくり粉…適宜

好きなもので
あえてみてね。

作り方

1. じゃがいもは、皮をむいて薄く切って、ゆでる。
2. やわらかくゆであがったら、ざるにあげ、ボールに移し、マッシャーなどでつぶす。
3. ②に48ページの「Aあえるものいろいろ」のどれか好きなものを混ぜ、かたくり粉を入れ、ハンバーグの形にしてフライパンで焼く。

じゃがいものナン風

材料（4人分）

じゃがいも…適宜
小麦粉…いもと同量
油…適宜

★食べるときは、カレーにつけたりして食べる。
もちろん、チーズやごま、塩などで
味つけして揚げてもよい。

作り方

1. ゆでてつぶすまでは、おやき風と同じ。
2. ①にいもと同量の小麦粉を入れ、よくこねて、ナン風に薄くのばして油で揚げる。

ちょっとフンイキかわっておしゃれ。
小麦粉だけで作るナンよりかんたんだし、
ナンらしいし、おいしい。これはおすすめ。

いもフライ

★たまごを使わないので、アレルギーの子も食べられます。

材料（4人分）
じゃがいも…2〜3個
小麦粉…200グラム
水…150CC
パン粉…適宜
ソース…適宜

作り方

① じゃがいもはよく洗い、皮のままふかして、皮をむき、6〜8個に切る。

② 小麦粉は水でといて、ホットケーキのたねくらいのやわらかさに。

③ ①のじゃがいもを②をつけて、パン粉をまぶすし、油で揚げる。

④ ソースをつけて食べる。

小さめに切るのがポイント

トンカツソースなどのドロリタイプのソースがおすすめです！ ここがポイント。

試しに他のいもでは…

さつまいも
甘いのでソースなしでOK。
子どもが大好き。

さといも
好みがあるかも。
むっちり感あり。
煮つけの残りを使うとよい。

ながいも
ながいもに火を通した食感が私はおいし〜！！
と思う。

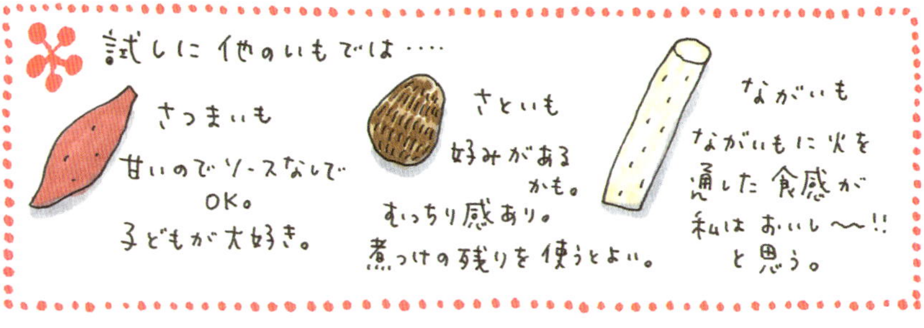

だいこん

煮ても焼いても生でもおいしい！

だいこんの炒め煮

材料（4人分）（副菜として）

だいこん…1/2本
ちりめん…大さじ1杯
ごま油…適宜
ごま…適宜
塩またはしょうゆ…適宜

作り方

1. だいこんは薄いいちょう切りに。
2. フライパンにごま油（バターでもいい）を入れて炒める。
3. すぐにひたひたの水を入れ、このときちりめん（この他、かつおぶしやさくらえびなど味のでるものならなんでもOK）をいっしょに入れる。
4. ぴっちりふたをして、強火で蒸し煮する。
5. 水分がなくなったら火を止めて、しばし蒸らす。
6. 食べるときに、ごまをふったり、塩かしょうゆをちょこっとかける。

ごまあえだいこん

材料（4人分）

だいこん…1/2本
油あげ…1〜2枚
すりごま…適宜
みそ…適宜
みりん…適宜

にんじん
生しいたけ
なども
おいしい。

作り方

1. だいこんと油あげをせん切りに。
2. ①をさっとゆでて、水を切る。
3. みそ（しょうゆでも）、みりん、すりごま（ねりごまでも）を混ぜあわせたもので、あえる。

だいこんサラダ

材料（4人分）

だいこん…1/2本
マヨネーズ…適当
塩…適宜
ごま…適宜

作り方

1. だいこんはせん切りにして、さっとゆでるか、塩をしてしんなりさせる。
2. マヨネーズとごまであえる。

きゅうりや
にんじん 入れると
ますます よし。

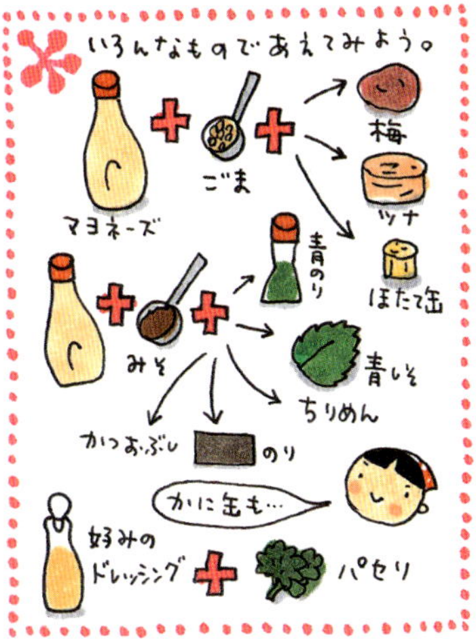
いろんなものであえてみよう。
マヨネーズ
ごま
梅
ツナ
ほたて缶
青のり
みそ
青じそ
ちりめん
かつおぶし
のり
かに缶も…
好みのドレッシング
パセリ

けんちん煮

材料（4人分）

だいこん…1/2本
とうふ…1丁
油…適宜
しょうゆ…適宜

作り方

1. だいこんは薄いいちょう切りに。にんじん、ごぼうを入れてもいい（にんじんは薄い輪切り、ごぼうは薄い斜め切りにする）。
2. 鍋に油を入れて、①の野菜を炒める。このとき、好みでちりめんなどを入れてもいい。
3. ②にとうふを投入してさらに炒め、とうふの水分で炒め煮する。
4. 水分が少なくなってきたら、しょうゆで味つけする。酒やみりんを入れてもうまい！
5. いろどりにいんげんを添えると美しい仕上がりに。

野菜やとうふは
おいしいものを
使ってね。
もちろん動物性
のものを入れても
OK!!

季節に合わせていろいろできる
のが強み。グリンピース、ごぼう、
たけのこなどそれぞれの季節で。
あ〜すばらしきとうふよ！
あ、とうふの
コーナーでは
なかった！

変身だいこん

材料（4人分）

だいこん…おでんの残り 4個
ごま油…適宜
ごま…適宜

作り方
1. フライパンにごま油をひき熱する。
2. おでんのだいこんやふろふきだいこんの残ったものを入れて、こげめがつくまで両面を焼く。
3. お皿に入れて、ごま（かつおぶしでもOK）をたっぷりのせる。
4. おでんの残りのときはそのままで、ふろふきだいこんのときはちょっとしょうゆをかける。

油はなんでもいいけど、やっぱり香りの強いものがおすすめ。

バターとかね。

すでに火が通っているからカンタン。

わざわざ だいこん 薄めに切って ゆでて 焼いても よし。
カンタンすぎ…。

葉っぱなどにのせてだしたらおしゃれ。

白菜 お好みしだいの万能野菜！

白菜煮びたし七変化

★牛乳で煮ると洋風ミルク煮になる。
★味つけはしょうゆ、みそ、塩・こしょうなど
その日の気分に合わせて。
★かたくり粉でとろみをつけるとまたちがった味わいに。

肉をメインにしたら、主菜になる。
ベーコンの塩味で十分かも。味つけしないでポン酢やカボスじょうゆなどにつけて食べてもおいしいです。

白菜とベーコン

ざくざく切った白菜とベーコンを鍋に入れる。ベーコンのかわりにハムやウィンナーでもOK。水（またはだし汁）を鍋の底に少し入れ、ふたをぴっちりして蒸し煮する。煮えてきたらしょうゆで味つけする。

白菜とカキ

切った白菜とよく洗ったカキを鍋に入れる。しょうがの薄切りを入れる（カキのくさみが消える）。水（またはだし汁）を鍋の底に少し入れ、ふたをぴっちりして蒸し煮する。煮えてきたらしょうゆで味つけする。

カキのかわりにサケや白身魚でもOK。他の貝はカラがめんどう！？

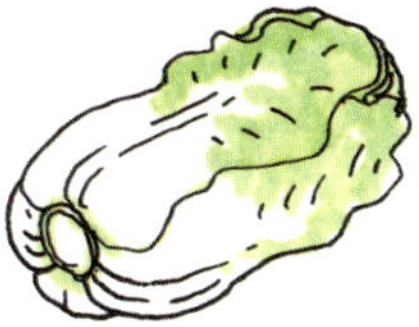

白菜とツナ缶

切った白菜と缶づめを汁ごと入れて煮る。ツナ缶のかわりにホタテ缶、サケ缶でもいいですよ。

ツナ缶はオイルでもノンオイルでもOK。
缶づめの汁ごと入れるので水はいらない。

白菜と油あげ

白菜と油あげをざくざく切って鍋に入れる。水(またはだし汁)を鍋の底に少し入れ、ふたをぴっちりして蒸し煮する。煮えてきたらしょうゆで味つけする。

厚あげ、がんも、さつまあげもいいよ。

おまけのメニュー!

白菜のミルクスープ

白菜とお好みの具にあさりやじゃがいもをたし、牛乳で煮ると、ボリュームのあるミルクスープになる。

白菜の洋風シチュー

ミルクスープにブールマニエ(バターと小麦粉同量をよく混ぜたもの)を入れたら、洋風本格(?)のとろみがでます。

1日目に煮びたしをいっぱい作って2日目に牛乳とブールマニエをたしてスープにするという手もあり!
白菜使い切り術!

ゆでた白菜いろいろ

おひたし

ゆでた白菜としょうゆにかつおぶしでシンプルおひたし。かつおぶしのかわりに、ごま、ちりめん、さくらえび、のり、たたいた梅などでもOK。

炒め煮

ゆでた白菜をごま油で炒めて、しょうゆで味をつけ、かつおぶしをまぶす。かつおぶしのかわりに、ごま、のりでもOK。

甘酢漬け

ゆでた白菜に甘酢（98ページ参照）をかける。(炒めてもよし)

漬けものというより
サラダ感覚で
あえていただきます。

ドレッシングあえ

これはまさにサラダ。ドレッシング（94ページ参照）であえる。あとは塩、しょうゆなど好きな味つけでどうぞ。

生の白菜の
葉の部分に軽く
塩して、りんごと
いっしょに ドレッシング
であえても うまい!

下ごしらえ

材料（4人分）

白菜…適宜
水…少々

青い方
白い方
下の方に芯の白い部分を入れると
上下返さなくても大丈夫。

- 白菜を1センチくらいにざくざく切って、少ない水で蒸し煮しておく。しゃっきり感を残すため、くたくたになるまで火を通さない。
- 軽くしぼっておく。

チーズ焼き

ゆでた白菜に塩、こしょう、油少々をなじませる。ハム（ツナ、ベーコン、ウィンナーでもよい）を混ぜて、グラタン皿に入れる。ピザ用チーズをたっぷりのせて、とろけるまでオーブンかトースターで焼く。

生の肉を使うときは、
先に白菜と肉を
炒めてから チーズ
をのせて焼く。

ねぎ たまにはおとなの味!

ねぎカンタングラタン

作り方

1. 鍋に入る長さにねぎを切って、ゆでる。

2. ゆでたねぎを3～4センチくらいに切って、グラタン皿に並べる。ベーコンも、1センチくらいに切って入れる。

3. ②にカンタンソースの材料をよく混ぜてかけ、オーブンやオーブントースターで、こげめがつくまで焼く。

根深ねぎなど
太いねぎが
おいしい!

ワンポイント……冬においしく、からだも温まるねぎ。ねぎといっても種類も食べ方も地方によっていろいろ。今回はねぎ全般（葉ねぎ、白ねぎ、中太くらい）に使えるメニューを紹介。

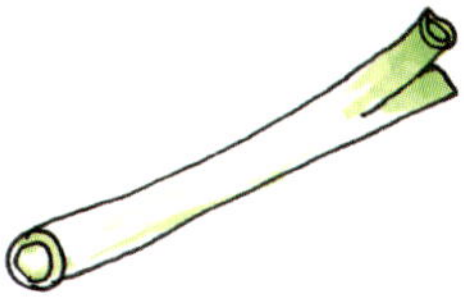

材料（4人分）
ねぎ…2～3本
ベーコン…4～5枚
カンタンソース
　マヨネーズ…大さじ4杯
　たまごの黄身…1個
　生クリーム(牛乳)…大さじ2杯

カンタンソース　その2

- たまご　……　1個
- 生クリーム（牛乳）…　1/2カップ
- とろけるチーズ　30～50グラム
- 塩、こしょう…

おまけのメニュー！

焼きねぎ

魚焼き網で、こんがり焼いて食べやすく切り、だしじょうゆとかつおぶしで食べる。太いねぎの方がおいしい。

ねぎ主役肉まき

材料（4人分）
ねぎ…1〜2本
豚肉の薄切り…8枚
塩…少々
こしょう…少々

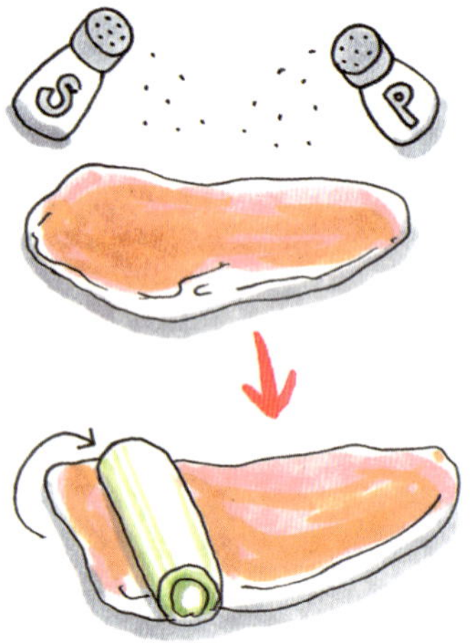

作り方

① 薄切り豚肉をひろげて塩・こしょうする。

② 肉にサイズを合わせて切ったねぎをのせ、ぐるぐるきっちり巻く。

③ 巻いたとじめを下にして、フライパンで焼くだけ。ふたをぴっちりして焼くと早い。

ようじでとめなくても大丈夫。

❋ このときに使うねぎは中太程度以上の太めのねぎがおいしいです。細いのしかないときには何本も重ねて巻いて。

食べるときにはひと口サイズに切って…。

ねぎばっかりたまごとじ

材料（4人分）

ねぎ…1〜2本
たまご…2〜3個
だし汁…材料のひたひた分くらい
しょうゆ…適宜
酒…適宜

★親子どんぶりのように、とり肉を入れてご飯にのせてもOK。もちろんとり肉だけでなく、豚肉、ツナ、ベーコン、ちりめん、えびなど、ねぎも玉ねぎ同様、なんにでも合うよ。

親子どんぶりの
肉なしねぎ
バージョンですね。

作り方

1. 鍋に入る長さにねぎを切って、ひたひたにだし汁を入れ、しょうゆ、酒を入れ、さっと煮る。
2. ときたまごをまわしかけ、火が通ったらできあがり。

1
ミニ土鍋で作ると
そのまま食卓に
だせますね。

おまけのメニュー！

生でたっぷりねぎご飯

ご飯＋ごま油で炒めたちりめん＋生みじん切りねぎ＋ごま＋塩少々で味をつけて混ぜます。いちおしです！

れんこん

シャキシャキむっちり!?

さっとゆでていろいろ

作り方

1. れんこんを薄切りにして、さっとひと煮たちする。
2. ①を以下のようないろんなものとあえると、おいしいサラダのできあがり。

薄く皮をむいて

ツナ＋マヨネーズ

ごまを
ふりかけてもOK!

梅肉＋ごま

これだけでも
うまいけど、マヨネーズ
やツナをたしてもうまい!

ドレッシング

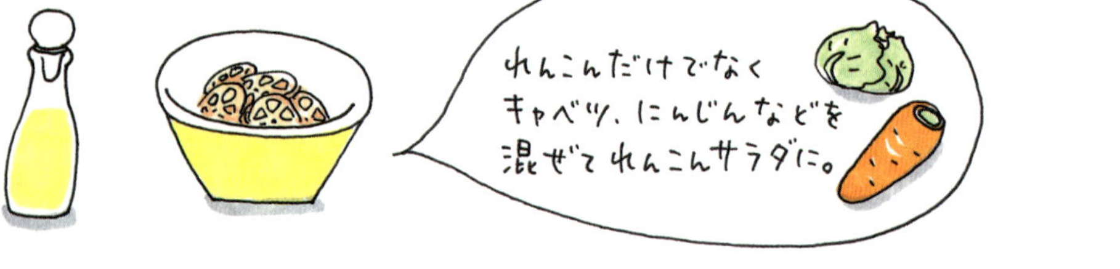
れんこんだけでなく
キャベツ、にんじんなどを
混ぜてれんこんサラダに。

材料（4人分）

れんこん…1〜2ふし
水…ひたひた

★あんまりゆですぎると、もっちりとしておいしくないので、シャキシャキ感を残しましょう。

たらこ ＋ マヨネーズ

下の皮を切り離さずに縦に切り、

包丁で少しずつしごいて中身をだす。

たらこだけでも明太子でも。

ねりごま ＋ みそ ＋ みりん

ゆで汁少々を入れ少しといてから混ぜると混ぜやすい。
みそのかわりにしょうゆでも。

梅肉 ＋ かつおぶし ＋ しょうゆ ＋ みそ

純和風

ピーナツバター ＋ しょうゆ ＋ みりん

ピーナツバターは無塩のもの、しょうゆではなく、みそでもOK。
やはり、ゆで汁少々でとくと混ぜやすいよ。

甘酢

であえる。

甘酢の作り方は98ページ！

炒めていろいろ

材料（4人分）

れんこん… 1～2ふし
油…適宜
調味料…あるもので。

作り方 1 れんこんを薄く切って炒め、以下で味つけ。

しょうゆ＋ごま

しょうゆのかわりに塩でもいいよ。

ツナ＋ごま

ツナ缶の油で炒める。

しょうゆ＋マヨネーズ＋ごま

マヨネーズを油のかわりにして炒める。

ソース

炒めてからソースをからませて。

甘酢

ごま油で炒めて甘酢で味つけ。炒めなます風でうまい。

いっしょにだいこんやしいたけ、油あげなど入れるとバージョンUP！

みそ＋酒

みそ炒めもなかなかうまい。お酒でちょっとみそをといて炒める。ごまをふってもOK。

★れんこんは、すりおろして火を通すと固まる性質があるので、アレルギーの子のたまごがわりに使うこともあります。

すりおろしバージョン

ハンバーグもどき

すりおろしれんこん＋ねぎ＋ちりめん＋かたくり粉（たまごでもいい）を焼く。これにだいこんおろしと酢じょうゆをそえて食べるとおいしいよ。

これだけだとハンバーグというよりお焼き。もちろん子ども向けにひき肉など入れてもOK。

つみれ風

すりおろしれんこん＋ねぎ＋ちりめん＋かたくり粉（orたまご）を混ぜ、湯かだし汁にポトンポトン落としてゆでる。みそ汁やすまし汁、鍋の具としてどうぞ。

ミートボール風

すりおろしれんこん＋ひき肉＋玉ねぎ＋かたくり粉orたまごを混ぜて丸め、揚げる。

とうふ

変幻自在のすぐれもの!

白あえ

材料(4人分)

とうふ…1丁
にんじん…20グラム
しいたけ…2枚
さやいんげん…10グラム
ツナ缶…小1缶
ごま油…適宜
しょうゆ…大さじ1/2杯
調味料A
　ごま…大さじ5杯
　白みそ…大さじ2杯
　みりん…大さじ2杯

作り方

1. とうふは、電子レンジで3分ほどチンして水を切る。
2. にんじんとしいたけは、短かめのせん切りにしてごま油で炒めて、しょうゆ大さじ1/2杯くらいで味つけしておく。
3. さやいんげんは下ゆでしておく。
4. ツナは、汁気を切っておく。
5. ①②③④と調味料Aを混ぜあわせて、できあがり! 味が薄かったら、好みでみそをたす。

材料はテキトー。
ごぼう入れてもいいし、春ならたけのこ、ひじき、こんにゃく、きくらげもいいですね〜。

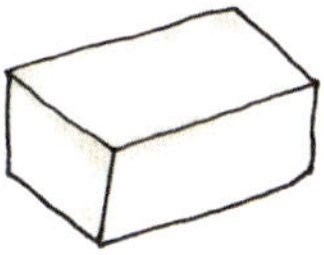

飛竜頭

材料（4人分）

白あえの材料…4人分
かたくり粉…適宜
揚げ油…適宜

作り方

1. 材料を混ぜあわせるときにかたくり粉を入れ、かたくり粉の量をかげんしながら、手でこねて丸められるくらいのかたさにする。
2. ①をいくつかに分け、丸く形をととのえて、油で揚げる。

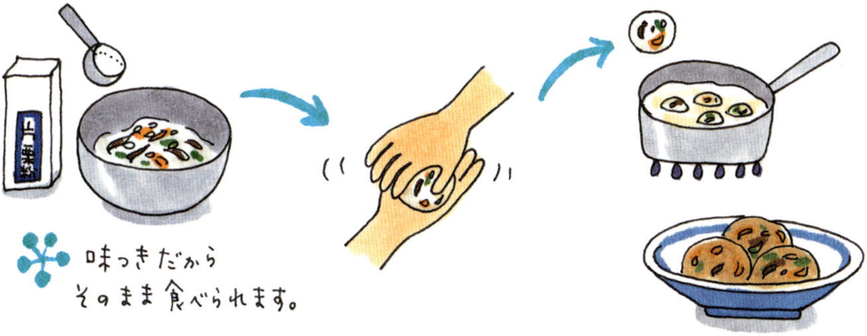
味つきだから
そのまま食べられます。

とうふハンバーグ

材料（4人分）

飛竜頭の材料…4人分
バター…適宜

作り方

1. 材料を丸めて、形をととのえる。
2. フライパンを熱してバターを入れて焼くか、オーブントースターで焼く。

味がついてるから
バターで焼くだけで
ソースとかなしで
おいしいの。

とうふコロッケ

材料(4人分)

飛竜頭の材料…4人分
パン粉…適宜
揚げ油…適宜

作り方 ❶ 材料を丸めて、パン粉をつける。

❷ 鍋に油を入れて熱し、①を揚げる。

とうふは水っぽいので
いもコロッケのように
小麦粉→たまご→パン粉を
つける必要がなく、パン粉のみ
でOK。手軽でしょ?

擬製どうふ

材料(4人分)

白あえの材料　4人分
たまご　1～2個

作り方 ❶ 材料を混ぜるとき、たまごを1～2個入れて混ぜあわせる。

❷ ①をバットに入れてオーブンで焼くか、たまご焼き器に流しいれて、両面を焼く。

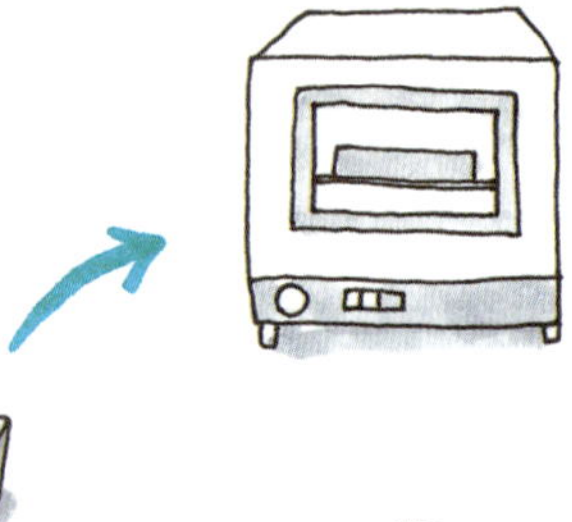

とうふ団子の甘酢あんかけ

材料（4人分）

飛竜頭の材料…4人分
揚げ油…適宜
甘酢あんの材料A
　酢…大さじ3杯
　さとう…大さじ3杯
　しょうゆ…大さじ3杯
　かたくり粉…大さじ1杯
　水…200cc

作り方

1. 材料をたこ焼きくらいの大きさに丸める。
2. 鍋に油を入れて熱し、①を揚げる。

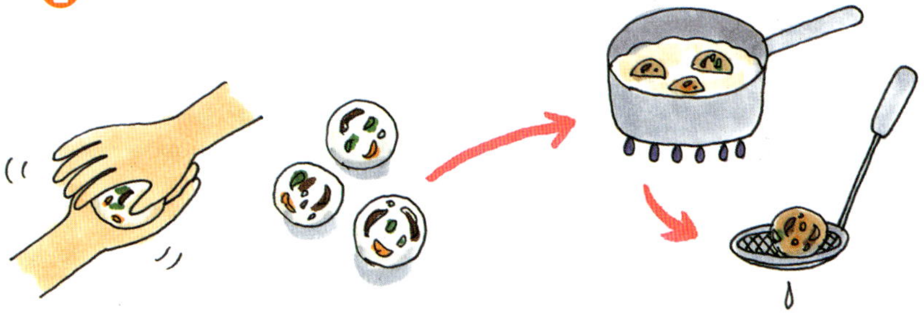

3. かたくり粉以外の甘酢あんの材料Aを鍋に入れる。
4. ③をかき混ぜながらあたためて、かたくり粉を水でといて入れ、とろみをつける。
5. ④に②を入れて、ひと煮たちしてから火を止める。

冷ややっこ

作り方 ❶ ねぎはみじん切り、のりは小さくちぎる。

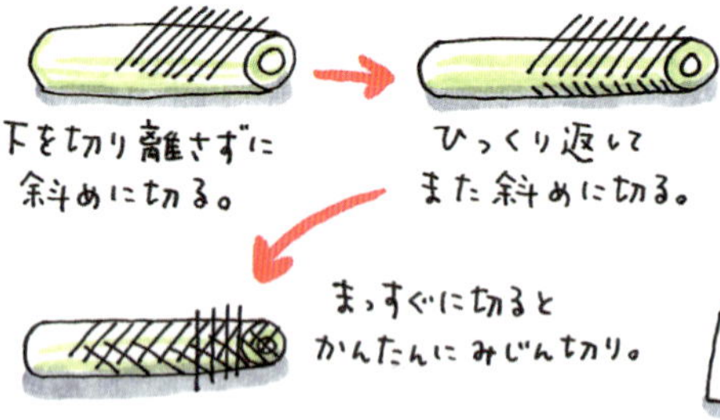
下を切り離さずに
斜めに切る。
ひっくり返して
また斜めに切る。
まっすぐに切ると
かんたんにみじん切り。

❷ とうふを4つ切り～8つ切りにして①をのせ、ごまをかけ、しょうゆをたらして食べる。

こんな組みあわせも
試してみてね。

からし＋ねぎ＋しょうゆ
＋かつおぶし＋のり

わさび＋ねぎ＋しょうゆ
＋かつおぶし＋のり

梅肉＋ねぎ＋しょうゆ
＋かつおぶし＋のり

材料（4人分）

とうふ…1丁
ねぎ…1/2本
のり…適宜
ごま…適宜

冷ややっこいろいろ

赤梅酢＋のり＋しそ

しその入った梅干しをつけたときの水。

ちりめん＋のり＋ねぎ

またはしそ。

ベーコン＋ねぎ（またはしそ）

ベーコンのみじん切りをカリカリに炒めて油ごとじゅーっとかける。

じゃこ＋ねぎ（またはしそ）

ごま油でカリカリに炒めたちりめんじゃこをじゅーっとかける。

梅肉マヨネーズ＋のり＋ねぎ＋しそ

梅肉マヨネーズをしょうゆマヨネーズみそマヨネーズにかえてもおいしい！

肉

巻き巻きバージョンで！

いんげんの肉巻き

材料（4人分）

いんげん…10〜15本
豚肉の薄切り…8枚
塩…適宜
こしょう…適宜

作り方

1. 豚肉の薄切りをひろげて、塩・こしょうする。
2. ゆでたいんげんを、肉の幅に合わせて切り、肉で巻く（1枚につき3〜4本）。
3. フライパンをあたためて②のとじめを下にして入れ、蒸し焼きにする。

肉の薄切りってふつう こんなふうに重なって

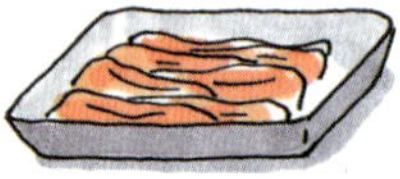

売ってるでしょ？
それをそのままとりだして使えば サイズは自由自在。

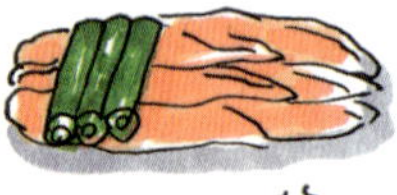

もも肉は1枚が大きいから そのまま使って。
バラ肉は脂が少なめのところを。

その他いろいろ試してみてね。

えのき
にんじん
スティックじゃがいも

前もって野菜に火を通しておくと早い！

ごぼう
ゆでたほうれんそう

材料（4人分）

青じそ…8枚
白みそ…適宜
豚肉のもも肉…4枚

しそみその肉巻き

作り方

1. 1枚70グラムくらいのもも肉をひろげて、青じそを2枚のせる。
2. ①のうえに、白みそ（どんなみそでもOK）を薄く塗る。
3. ②をぐるぐる巻きにして、フライパンで焼く。

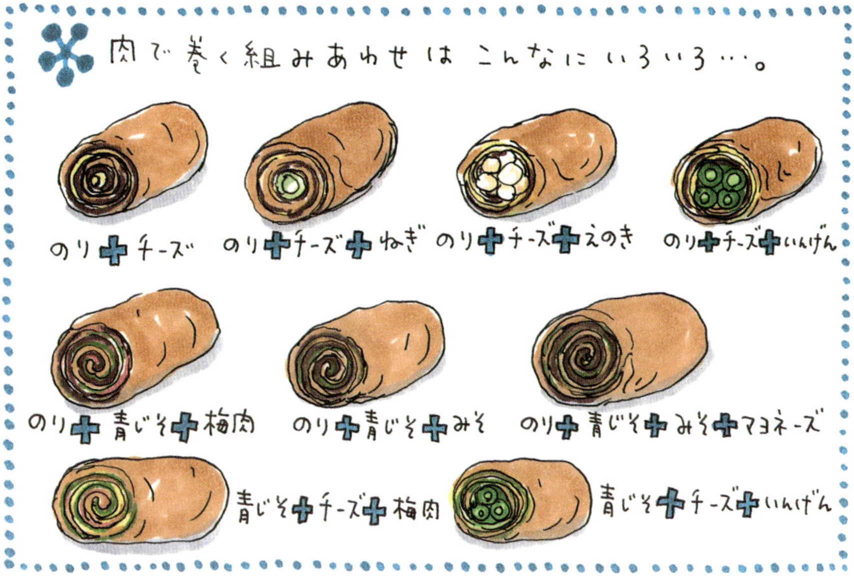
肉で巻く組みあわせはこんなにいろいろ…。
のり＋チーズ
のり＋チーズ＋ねぎ
のり＋チーズ＋えのき
のり＋チーズ＋いんげん
のり＋青じそ＋梅肉
のり＋青じそ＋みそ
のり＋青じそ＋みそ＋マヨネーズ
青じそ＋チーズ＋梅肉
青じそ＋チーズ＋いんげん

のりの肉巻き

材料（4人分）

のり…2枚くらい
豚肉の薄切り…8枚
塩…少々
こしょう…少々

作り方

1. 豚肉の薄切りに塩・こしょう少々をかける。
2. ①の上に、同じサイズののりを重ねる。
3. ②をぐるぐる巻く。
4. あたためたフライパンに③をとじめを下にして入れ、ふたをして弱火で蒸し焼きする。焼けてきたら、裏返して、こげめをつけてできあがり。
5. 斜め切りにしたり、お弁当箱に入れるときはぴったりのサイズに切ってね。

カンタンロールキャベツ

材料（4人分）

キャベツ…8枚
豚肉の薄切り…8枚
トマトケチャップ…適宜

肉とキャベツを
いっしょに
おりこむ。
すきまがあったら
キャベツのざく切り
をぎゅーーっと
つめるとくずれない。
これもおいしくなる。

作り方

1. キャベツは、芯のところをとってゆでる。キャベツのかわりに白菜でも。白菜の場合は、芯のところをそぎ切りにするか、葉先だけを使う。
2. ①をひろげて、薄切りの肉をのせ、ロールキャベツのように、ぎゅーっとたたむ。
3. とじめを下にして、鍋につめて並べる（ほどけにくいように）。心配ならとじめをようじでさす。
4. 鍋に水を入れ、落としぶたをして煮込む。
5. 食べるときにトマトケチャップをつける。

おとなは
からしでも。
ホワイトソース、
チーズなど
お好みで！
しょうゆ味で
おでん風も
おいしい。

手抜きカバ焼きどん

材料（4人分）

いわし…4～8匹
小麦粉…適宜
油…適宜
たれ
　しょうゆ…1/2カップ
　みりん…1/2カップ

作り方

1. いわしの開きの両面に、小麦粉をパタパタつける。

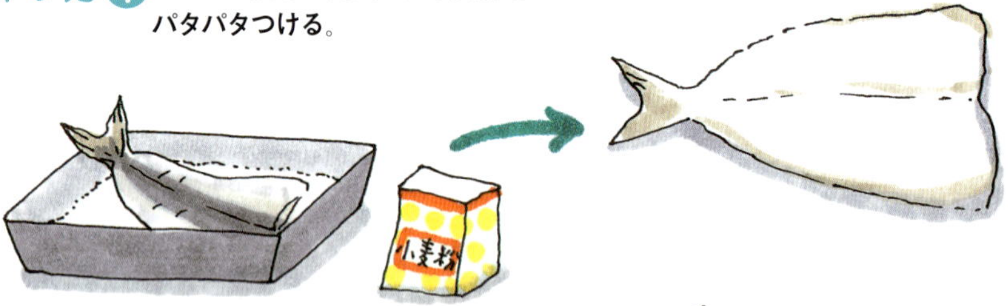

2. しょうゆとみりんを1：1の割合でたれをつくる。甘くしたい場合は、さとうをたす。薄味にしたい場合は、酒をたす。

みりん
しょうゆ

3. 油を多めにひいたフライパンで、①の両面を焼く。

4. 焼けたはしから、②のたれにどんどんつけていく。

5. ④をご飯にのせて、カバ焼きどん！

じゅっ
さんまでも
いいですね。
どちらも
開きかフィレ
がよいです。

ワンポイント………土佐酢漬けや香味漬けの魚は、筒切りではなく、三枚におろしたフィレ状のものが合うよ

土佐酢漬け

材料（4人分）

あじの三枚おろし…4枚
土佐酢
　しょうゆ…大さじ2杯
　酒…大さじ2杯
　酢…大さじ2杯
　ねぎみじん切り…1本
　かつおぶし…1〜3パック

作り方

1. 土佐酢をつくる（しょうゆ・酢・酒は同量）。ねぎはみじん切り。多い方がおいしいけれど、子ども向きには、1/2本でも1/3本でもOK。かつおぶしも、どーんと3パックくらい入れると、もっと土佐酢っぽくなる。

この土佐酢も
魚だけじゃなく
いろいろ役立つ
ので作っておく
と便利。
酢
酒

じゅっ

2. あじ（さばでもOK）は焼き網（グリル）で焼く。めんどうじゃなければ揚げてもいいよ。

3. ②が焼けたらアツアツのうちに土佐酢にしばらく漬けて、味をなじませる。

さばとかいわしなど
青い魚も白い魚も
合うと思います。

香味漬け

材料（4人分）

あじの三枚おろし…4枚
油…適宜
香味だれ
　オリーブオイル…1/3カップ
　酢…1/3カップ
　玉ねぎ…1/2〜1個
　塩…小さじ1杯

もう一つの香味だれ

さしみをサラダ風に食べるときに。

オリーブオイル…大さじ1杯
酢…大さじ1杯
玉ねぎ…1個
きゅうり…1本
塩…小さじ1杯

作り方

1 材料を合わせて、香味だれを作る（あれば、にんにく1片、パセリみじん切りを入れる）。

この割合で作って、味がたりなかったら、しょうゆをちょろっとたすと風味が…。

2 あじは小麦粉をつけて、油を多めにひいたフライパンでムニエル風に焼く。

3 ②が焼けたら、熱いうちに香味だれをつける。

まだまだ
つづく！
おたすけ
メニュー
あ～忙しい
忙しい～～

おにぎり

子どもは大好き!

おにぎりいろいろ

ちりめんおにぎり

ちりめんをごま油でカリカリに炒め、以下のようないろんな具材と混ぜてにぎる。

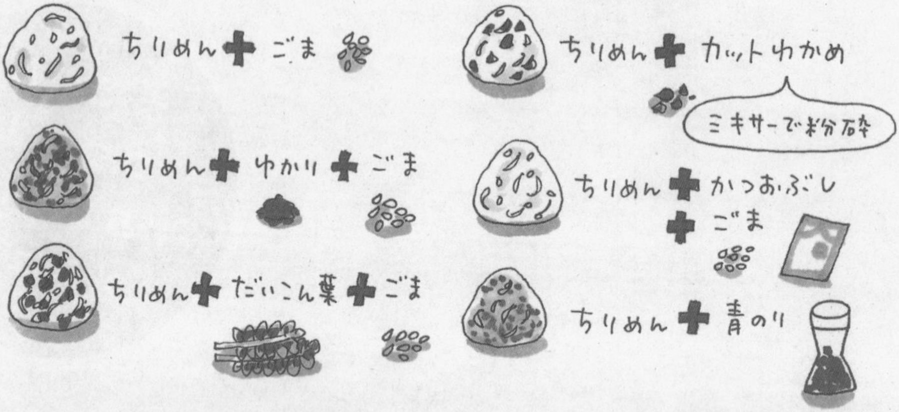

ちりめん＋ごま
ちりめん＋ゆかり＋ごま
ちりめん＋だいこん葉＋ごま
ちりめん＋カットわかめ
ミキサーで粉砕
ちりめん＋かつおぶし＋ごま
ちりめん＋青のり

にんじんおにぎり

すりおろしにんじんとツナ缶（油ごと）を、パラパラになるまで炒める。ご飯に混ぜて、塩で味をととのえてにぎる。

- ツナ缶以外にひき肉、めんたい、ちりめん などでも おいしいです。
- ご飯に混ぜるとき、にんじんの量が多すぎるとご飯がパラパラになってにぎりにくくなるので そこそこに。

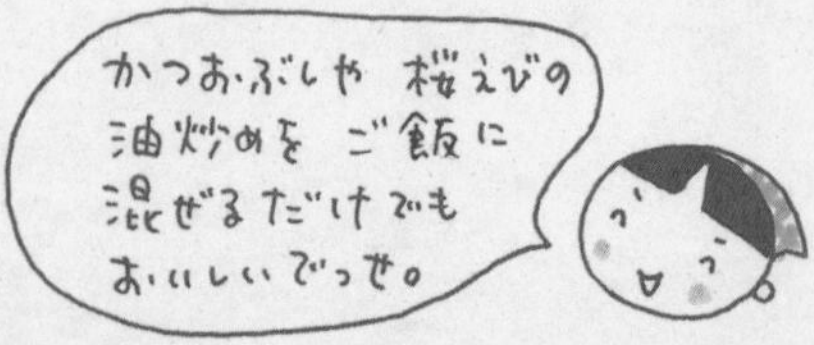

かつおぶしや 桜えびの油炒めを ご飯に混ぜるだけでも おいしいでっせ。

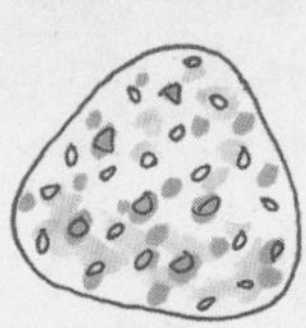

だいこん葉おにぎり

あっさり系

だいこん葉をゆでてみじん切りにする。少々の塩（またはしょうゆ）であえて、ご飯に混ぜてにぎる。

コクあり系

だいこん葉をみじん切りにする。ごま油で炒め、ちょっと多めのしょうゆでつくだ煮風にして炒りあげる。これをご飯に混ぜてにぎる。

S
ごまやゆでたちりめんを入れたらバージョンUP！

炒りたまごおにぎり

炒りたまごを作り（塩で味をつけてね）、おにぎりの芯にしてにぎる。炒りたまごをやわらかめに作って、ご飯に混ぜ込んでもいいよ。

炒りたまごをご飯に入れすぎるとにぎりにくいので気をつけて。

おとな用

紅しょうが入れた炒りたまごにご飯を混ぜる。
だいこん葉を入れるともっときれい！

サンドイッチおにぎり

作り方 ❶ ラップの上にのりをおき、のりの半分より少なめにご飯をのせる。

❷ ①に、ハムやレタスやきゅうりなどの具をのせる。

❸ ②の上にマヨネーズを波型にしぼりだす。

❹ ③の上に薄焼きたまごをのせる。

❺ ④の上にご飯をのせ、最後にのりを折ってかぶせる。

❻ のりを半分に折ったら、ラップではじっこをきれいに折り曲げ、味と形をなじませる。

❼ ⑥を真ん中からラップごと切る。すごくきれいなので、お弁当にどうぞ。

つつめるだけ上ののりの分
厚み分の余裕

ラップ　のり　ご飯

位置を考えてのせてね！

薄焼きたまご　ご飯

のり
ラップ
ご飯
たまご
マヨネーズ
レタス
ハム
ご飯
のり

上のご飯 80グラム
下のご飯 100グラム
くらいかな？

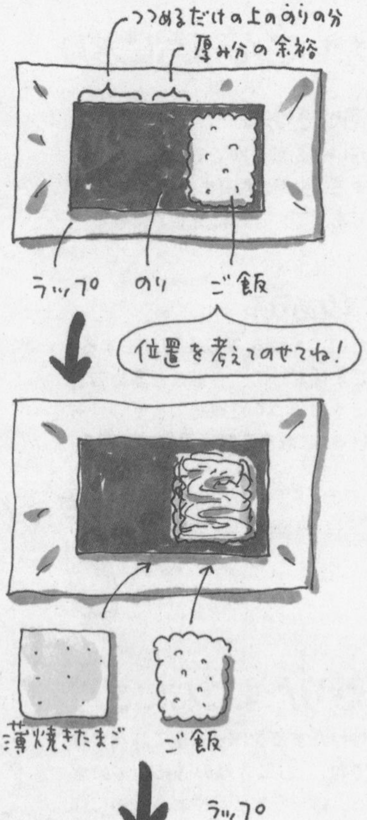

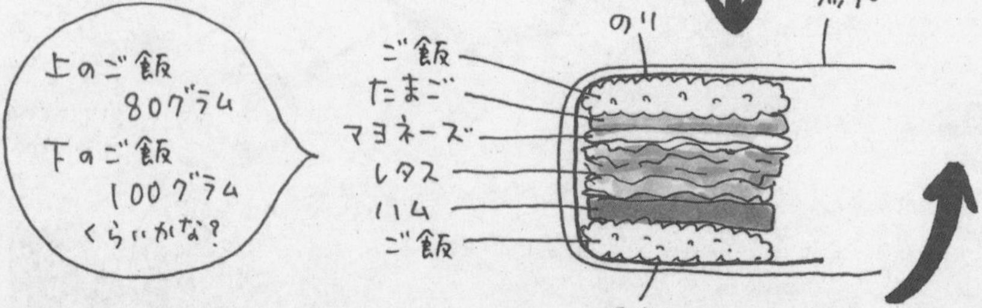

おにぎり

材料（4人分）

- ご飯…720グラム
- のり…4枚
- ハム…4枚
- レタス…適宜
- きゅうり…適宜
- 薄焼きたまご…適宜

ちょっと手がかかるけど、見た目もきれいで おいしいおにぎりです。

具材はサンドイッチに入れるもの。（ジャム以外！）

洋風 なら 他にピザ風にチーズ、ベーコン、ツナマヨもいける。

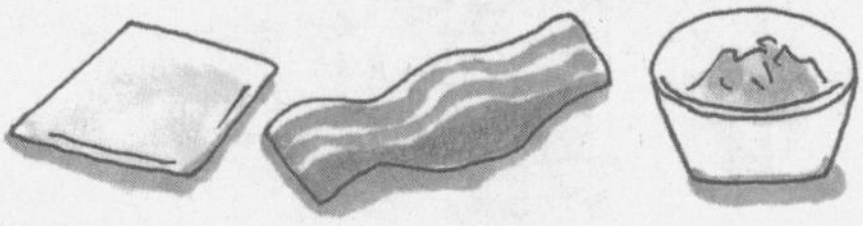

和風 なら ねり梅、ゆかり、めんたい、サケなど…。

忙しかったら シンプルに ゆかりご飯、青じそ、レタス
などの サンド でもきれい。

トースト たまごでデラックス！

たまごトーストサンド その1

★おとな向けにはマスタードをぬるとおいしい。

材料（1人分）

食パン…2枚
マーガリン…適宜
たまご…1個
塩…少々
こしょう…少々
きゅうり…1/2本
レタス…1枚
マヨネーズ…適宜
油…適宜

作り方
1. パンはトーストにしてマーガリン（バターでもOK）を片面に2枚ともぬっておく。
2. たまごは塩、こしょうを入れ、フライパンに油を入れ、薄焼きにする。
3. ②を4等分にしてパンにのせる。
4. ③の上に斜め薄切りにしたきゅうり、ちぎったレタスをのせ、マヨネーズを波形に絞りだす。
5. ④の上にもう1枚のパンをのせて、切ってできあがり。

好みの厚さで。でも4枚切りだと厚すぎ。
S
P
1人たまご1個の割合で
パンのすみ（角）にたまごの角を合わせると、すみまできっちり入る。

半分に切りやすく

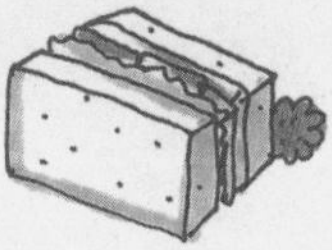

たまごトーストサンドその2

★その１もその２もめんどうならトーストにしなくていい。
でもやっぱりおすすめはトースト。

材料（1人分）

- 食パン…2枚
- マーガリン…適宜
- たまご…1個
- 塩…少々
- こしょう…少々
- のり…1/4枚
- ハム…2枚
- 油…少々

作り方

❶パンはトーストにしてマーガリン（バターでもOK）を片面に2枚とももぬっておく。

❷たまごは塩、こしょうを入れ、フライパンに油を入れ、薄焼きにし、「その1」のように4等分する。

❸ハムは半分に切る。

❹①のパンの上にのり、4等分したたまご2枚、ハムの順にのせ、もう1枚のパンではさんで切る。

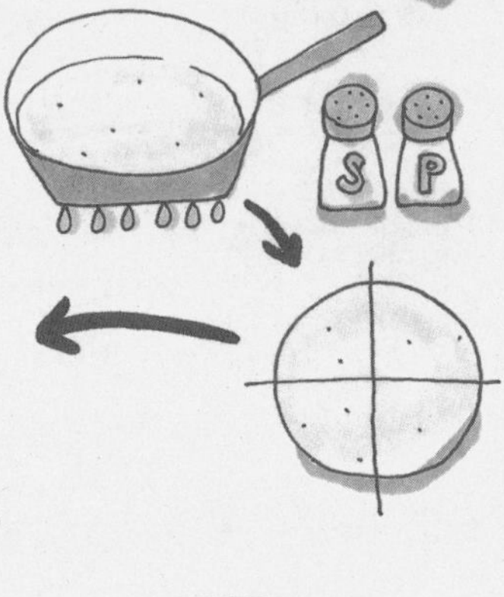

のりをしいてから
たまご
これだけ
でも
いいけど
ハムは こうやって
のせると すみ
まで 具がいくよ。
こうすると完璧

たまごデラックストースト

材料（1人分）

食パン…厚切り1枚
たまご…2個
マヨネーズ…適宜
塩…少々
こしょう…少々

作り方

❶ たまごはかたゆでにして、ぐちゃぐちゃにつぶし、マヨネーズ（好みでマスタードも）、塩、こしょうで味をととのえる。

❷ パンの上に①をこんもりとのせる。

✲ このときあれば パセリや パプリカや 粉チーズなど のせると ますます おいしい です。

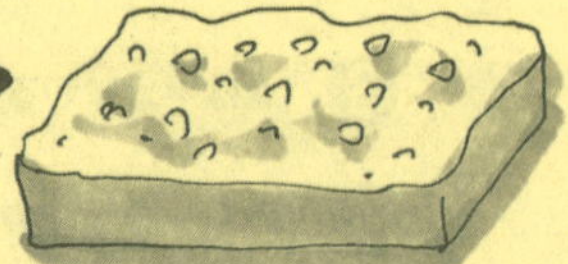

すみからすみまでまんべんなく…。

❸ ②をオーブントースターでこげめがつくまで焼く。

✲ 塩してしっかり水気をとった玉ねぎとピクルス（らっきょう）のみじん切りを混ぜてタルタルソース風にしたものをのせるとおいしい！

✲ アレルギー対応バージョン

材料

食パン ……厚切り1枚
とうふマヨネーズ
- とうふ …… 300グラム
- 塩 …… 大さじ1杯
- サラダ油 …… 150cc
- 酢 …… 75〜80cc

フライにかけたり、ムニエルにのせてもおいしいよ。

作り方

❶ とうふマヨネーズの材料全部を合わせてミキサーで混ぜる。

❷ パンの上に❶をこんもりのせる。

❸ ❷をオーブントースターでこげめのつくまで焼く。

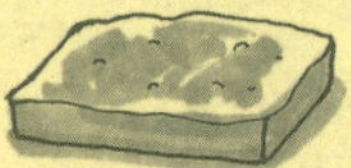

✲ のせすぎると味が過激になるのでそこそこに…。

たまごもっとデラックストースト

材料（1人分）

食パン…厚切り1枚
A ┌ たまご…1個
　│ 牛乳…1カップ
　│ 塩…少々
　└ こしょう…少々
たまご…1個
マヨネーズ…適宜
マーガリン…適宜

作り方

1. Aをよく混ぜて、そのなかに食パンを浸す。
2. フライパンにマーガリン（バターでもよい）を入れてとかし、まず①のパンの片面をこんがり焼く。
3. ②を裏返し、パンのふちにマヨネーズをぐるりとのせ、その内側にたまごを割りいれる。
4. フライパンにふたをして、パンがこげないよう蒸し焼きにする。

フレンチトーストにしなくてもふつうのトーストの目玉焼きのせもできますよ。
牛乳
S
ちょっと指でおしてたまごを入れると失敗しない。
ちょっとくらいまわりにこぼれても気にしない。焼いているうちにかたまる。
S
P
マヨネーズのかわりに、玉ねぎの輪切りにしたものをのせ、そのなかにたまごを入れてもよい。
塩・こしょうをふる。
マヨネーズをかけたり、塩こしょう、粉チーズなどで。

ホットケーキ 休日、子どもと

材料（2人分）

薄力粉…2カップ
さとう…大さじ2〜4杯
B.P.…小さじ1/2
炭酸…小さじ1/2
たまご…1個
牛乳…180〜200CC
油…少々

プレーンホットケーキ

★カップと計量スプーン、泡だて器があればできるよ。パパパッと作れるという点では、ホットケーキの素で作るのとあまり変わりません。B.P.はベーキングパウダーのこと。

薄力粉
さとう
これはお好みで。甘くなくてもOK。
B.P.
炭酸
これがミソ。これを入れると粉ふるわんでもダマができない。

作り方

❶ボールに薄力粉、さとう、B.P、炭酸、たまご、牛乳を入れて、泡立て器で、一気に混ぜてたねを作る。

❷フライパンに油を熱し、①のたねを流し込み、ふたをして弱火でじっくり焼く。表面がプツプツしてきたら、ひっくり返して、もう片面も焼く。

たねのかたさはどろ〜んというかんじ。水分で調節しよう。
✻ホットケーキにつきもののバターやはちみつはお好みで。
とにかく知ってればいつかは役に立つ日がきっとくる!!
子どもたちと作ってみよう!

たねを使っていろいろ

蒸しパン
ホットケーキのたねをアルミカップに入れて強火で蒸す。蒸しあがりは、竹ぐしをさして確認。

かいじゅうドーナツ
ホットケーキのたねをちょっとかために作り、油にポトンと落とす。

ホイルケーキ
ホットケーキのたねをアルミホイルに包んで蒸す。

油分ないのであっさり味。

昔なつかしケーキ
ホットケーキのたねをアルミカップに入れてオーブンで焼く。油分なしなので、あっさり、ひなびた味がなつかしい。

✳ アレルギーの対応もカンタン
たまごをなしにしてB.P.のかわりに炭酸小さじ1にします。あと酢を大さじ1くらい入れ、すばやくかき混ぜ焼くなり蒸すなり。

酢のかわりにレモンやカボスでもOK。

ワンポイント………ホットケーキの素、むしパンの素、クッキーの素など、
「○○の素」がいーっぱいあって、どこまでが手作り？って感じ。
粉とたまごとさとうなど身近な材料で作れるので手作りしてみてね。

ホットケーキいろいろ

ホットケーキのレシピを一つ知っていたら、あとは混ぜる材料や調理法を変えればいろいろなケーキができるよ。

中身…
レーズン
りんご
柿

くるみ
ごま
バナナ
さつまいも
かぼちゃ
じゃがいも
パイナップル
桃缶
ひき肉
ハム
ソーセージ
大豆
他の豆やゆで大豆でもOK。
チーズ
ベーコン
ツナ缶
にんじん
グリンピース
ひじき
とうもろこし
栗
そら豆
おから
つぶしたとうふ
いろいろ試してね。
れんこん
すりおろすかみじん切り
ほうれん草
みじん切りやゆでてミキサーでピューレ状に。
はっさく
はっさく蒸しパンはうまかった！

粉に混ぜるもの…

きな粉  そば粉 

まっ茶  ココア 

全粒粉　上新粉

水分として…

ヨーグルト  牛乳 

生クリーム 

少しやわらかくなるので入れすぎないように。

マーガリンなどの油 

油を多めに入れたら ケーキっぽくなっておいしいかも。

油は50〜100ccくらいまで。

あわだて器でぐしゃぐしゃかき混ぜてOK!

おまけのメニュー!

ノルウェー風ホットケーキ

材料（4人分）

全粒粉…2カップ
炭酸…小さじ1/2杯
B.P.…小さじ1/2杯
プレーンヨーグルト…300グラムくらい
塩…1つまみ

材料を混ぜて、フライパンで焼く。好みがあるので、食べられる自信のある人、やってみて。でも、実はこれがなぜノルウェー風というのかよくわからない…。

調味料

手作りソースで食欲増進！

ドレッシング

基本のドレッシング

材料

サラダオイル
…大さじ2杯
酢…大さじ1杯
塩…少々

和風ドレッシング

材料

サラダオイル
…大さじ1杯
ごま油…大さじ1杯
酢…大さじ1杯
しょうゆ…大さじ1杯

イタリア風ドレッシング

材料

オリーブオイル
…大さじ2杯
酢(レモン)…大さじ1杯
塩…小さじ1杯
こしょう…少々

バジル、タイム、パセリの
みじん切りなんか合わ
せるとさらにイタリアン。
もちろん
ドライでも！

ソースドレッシング

材料

ウスターソース
…大さじ1杯
サラダオイル
…大さじ2杯
酢…大さじ1杯
レモン…小さじ1杯
塩…少々

★野菜類を塩でもんだり、ツナ、ハム、
ちりめんじゃこなど塩味のものを合わせるときには、
塩やしょうゆはひかえめに。

こんなびんなどに 多めに 作って
おいて、サラダ 作ったときに
しゃかしゃか ふって かけると
楽ね。

材料

レバー…100グラム
キャベツ…1/2個
にんじん…1/2本
だいこん…1/3本
ソースドレッシング…適宜

ドレッシングを使った一品

レバーサラダ

作り方

1. レバー（とりでも豚でもOK）を血抜きしてゆでる。
2. ①が熱いうちに、ドレッシングに漬け込む。
3. ②と、切ったキャベツ、にんじん、だいこんと盛りあわせてできあがり。レバーでなく、豚肉でもハムでもウィンナーでもいいよ。

レバー血抜きして…
きゅうりや
レタスも
OK!

ソース
ドレッシング

つゆ

基本のつゆの素

材料

しょうゆ…50CC
みりん…50CC
水…1カップ
かつおぶし…1パック
（3グラム入り）

材料を合わせ、レンジに3分くらいかけ、冷やしたらできあがり。

ケチじゃない人は
かつおぶしを3パック
くらいどうぞ。

薄めて冷やすのを
同時進行。

ちなみにうちの
製氷皿の氷15個
で水200cc分。

自分の製氷皿の水の量を
覚えておくと便利。

早く作れるつゆの素

材料

しょうゆ…50CC
みりん…50CC
かつおぶし

材料を1分30秒くらいレンジにかけ、氷を入れる。

これは、そうめん、そば、うどんのつけ汁用なので熱い麺にしたいときは、ちょっと薄めたらいいと思う。甘みがたりない人はさとう少々入れるとか、自分の味で。

だいこんおろし、のり、わさび、カボスこしょう、
ゆずこしょう… 薬味で演出して。

ティーポットつゆの素

なおこ超いちおし!
じわり じわりと
だしがでる。

材料(割合)

かつおぶし…2～3パック
こんぶ…5～6センチ
しょうゆ…ポットの1/3
みりん…ポットの1/3

ハーブティ用のガラス製ティーポットの茶こしの部分に、切ったこんぶやかつおぶし、または、干ししいたけの軸（2～3個）などを入れる。同量のしょうゆとみりんをレンジにかけ、ティーポットに入れる。

薄めてめんつゆはもちろん、おひたしなどのかけじょうゆにもOK。
煮もののときはこれだけで、他の味つけ不要。

✻レンジがいやな方は鍋で煮きってね。

つゆを使った一品

豪華！納豆どん

上につゆの素をかける。

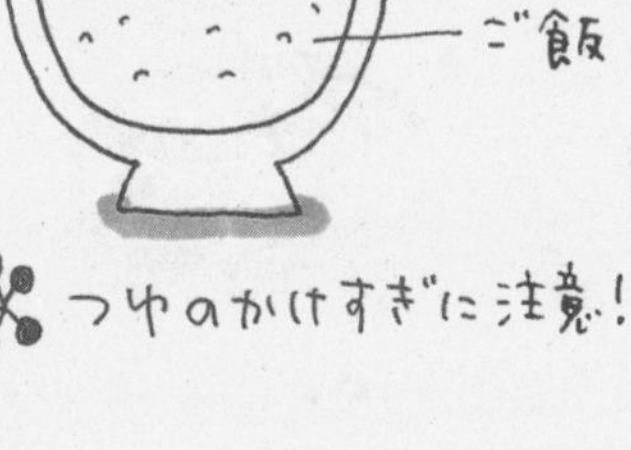
たまご
なっとう
ねぎ
のり
ご飯

✻つゆのかけすぎに注意!

まぐろたたきどん

上につゆの素をかける。まぐろのたたきがないときは、その他の刺身をつゆの素に漬けておき、ご飯にのせて「漬けどん」に。

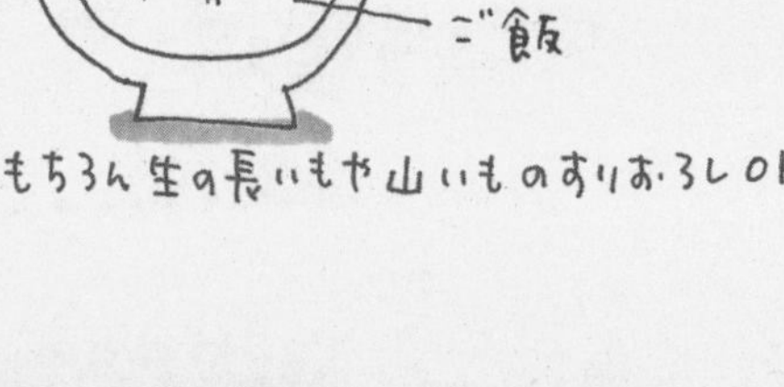
ねぎ
まぐろたたき
冷凍とろろいも
ちぎったのり
ご飯

✻もちろん生の長いもや山いものすりおろしOK!

甘酢

作り方❶ ハーブティー用のティーポット（茶こしは不要、大きめのしょうゆさしでもOK）に、材料をよ～く混ぜ、さとうと塩をよ～くとかす。さとうがいやな方は、みりんを煮きって入れてください。

たくさん作ると便利！
甘さは適当に増減してね。

甘くないタイプ

しょうゆさしなどに酢とこんぶ2～3センチを入れる。
いつも卓上にのせて、焼き魚や炒め野菜、餃子などにかけるとおいしさUP！

材料
酢…200CC
さとう…90グラム
塩…小さじ3杯
こんぶ…適当

甘酢を使った一品

だいこん甘酢漬け

だいこん（300グラム）をマッチ棒より太めに切り、甘酢（100CC）をひたひたより少なめに入れ、せん切りにしたゆずの皮としぼり汁を少々入れる。2〜3日でできあがり。

だいこんなます

細くせん切りしただいこん、にんじんに甘酢をかける。少し時間をおいてなじませる。

だいこん炒めなます

だいこん、にんじん、しいたけ、油あげ、こんにゃくをせん切りにしてごま油で炒め、甘酢をかける。

サラダ感覚でその日のうちに食べてもおいしい！

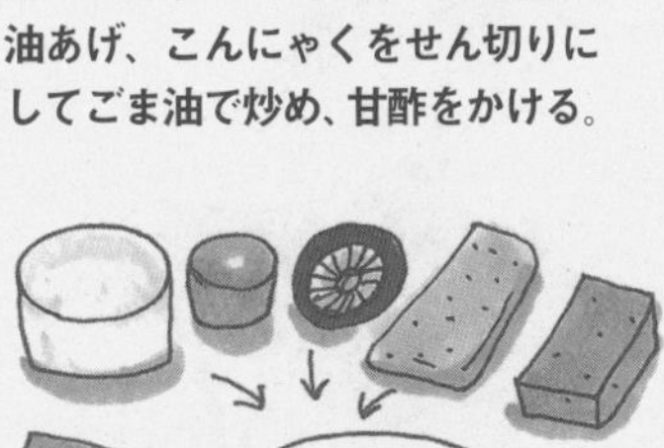

※この甘酢は塩がしっかり入っているので、味つけのとき、塩を入れなくても大丈夫。酢飯にも使えます。

ホワイトソース

材料

小麦粉…大さじ1杯
マーガリン…大さじ1杯
冷たい牛乳…3/4カップ
塩…少々

作り方

❶マーガリン（バターでもOK）をとかす。

❷マーガリンがとけかかったころ、小麦粉をふり入れる。

❸泡立て器ですばやく混ぜる。

❹③がよく混ざったら、冷たい牛乳をそそぎ、塩を入れる。とろみがつくまで泡立て器でよく混ぜる。クリーム状になったらできあがり。牛乳のかわりに、だし汁、スープでもいいですよ。

牛乳
ダマになりそうなクリームソースも、量の少ないことと、とけかかったころに小麦粉をふり入れることでダマができにくくなります。
もしダマができても気にしない！食べるの自分だし…。

ホワイトソースを使って

手抜きマカロニグラタン

材料（2人分）

マカロニ…100グラム
玉ねぎ…1/2個
コーン…好きなだけ
ピーマン…1個
ベーコン…1枚
とろけるチーズ…適宜
ホワイトソース…前ページの量

作り方 ❶ 材料の野菜を小さく切って、マカロニといっしょにゆでる。

クックマカロニは2～3分でゆでられてハヤイハヤイ。

❷ ①がゆであがったら、ざるにとり、グラタン皿に入れる。

❸ ②の上からホワイトソースをかけ、チーズ（粉チーズでもOK）をのせて、オーブントースターでチーズがこげるまで焼く。

えびやいかなど魚介類を入れてもおいしいよ！

ホワイトソースを使って

かけるバリエーション

ロールキャベツに！

ロールキャベツを煮て、お皿にとってホワイトソースをかける。

オムライスに！

ハンバーグにも！

ピラフにも！

えびフライや魚フライに！

魚のムニエルにも！

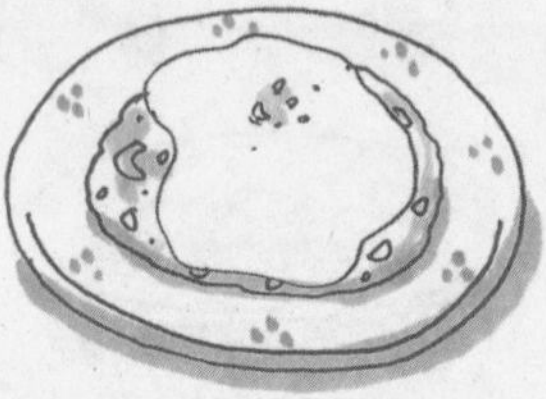

タルタルソースの
かわりに。

ただ焼いただけの
サケも ホワイトソース
をかけて パセリを
ちらすと リッチに見える!?

グラタントースト

きのこ、えび、いかなどちいさく切り、塩こしょうで炒める。ホワイトソースと混ぜ、くりぬいたパンに入れ、チーズをのせてオーブントースターへ。

おまけのメニュー！

大豆マヨネーズ

材料

大豆…150グラム
サラダオイル…270CC
酢…150CC
塩…大さじ1杯

大豆をやわらかくゆでる。ゆで大豆を使うなら300グラムくらい必要。材料全部をミキサーにかける。もったりするようなら大豆のゆで汁を少したして、マヨネーズくらいのやわらかさにしてできあがり。つぶつぶが気になる人は、よーくミキサーをかけてね。

S
ねりからし少々を入れるとおとなの味！
量はマヨネーズびん1本くらい。

二宮直子●にのみや・なおこ
保育者から調理師になって、16年。
一つの食べ物にこだわると、飽きるまで同じメニューを食べ続けても
平気なくらい食べものには偏りあり。
くだものや野菜を発酵させて作る天然酵母のパン作りが今のマイブーム。
「大きくなったら、パン屋さんになりたい！」（これ以上大きくなったらどうする!?）
と思っているが、保育園の給食担当が楽しい毎日です。

忙しいママ＆パパへの おたすけメニュー

2007年8月20日　初版第1刷発行

著者――――二宮直子

編集――――全国保育団体連絡会

発行所―――ちいさいなかま社
〒166-0001東京都杉並区阿佐谷北3-36-20
TEL 03-3339-3902（代）
FAX 03-3310-2535
URL http://www.hoiku-zenhoren.org/

発売元―――ひとなる書房
〒113-0033東京都文京区本郷2-17-13 広和レジデンス101
TEL 03-3811-1372
FAX 03-3811-1383
E mail:hitonaru@alles.or.jp

印刷所―――光陽メディア

ISBN978-4-89464-108-2 C0037

表紙＆イラスト――近藤理恵

ブックデザイン――阿部美智（オフィスあみ）